Informationen aus dem Versicherungs-, Finanz- und Vermögensbereich 2021

W0358621

SCHALLÖHR VERLAG GmbH

Informationen 2021, Ausgabe Januar 2021.

Milchberg 24 82335 Berg Tel. (08151) 2 87 98 Fax (08151) 2 86 66
Internet: www.schalloehr-verlag.de E-Mail: info@schalloehr-verlag.de

Alle Personen- und Funktionsbezeichnungen in diesem Fachbuch stehen für beide Geschlechter gleichermaßen.

Inhalt

Inhalt

Steuer- und Sozialgesetze 2020	Vom	BGBL Seite	Mehr Info S.
Gesetz zur Verlängerung und Verbesserung der Regelungen über die zulässige Miethöhe bei Mietbeginn	19.03.2020	540	108
Gesetz für den erleichterten Zugang zu sozialer Sicherung und zum Einsatz und zur Absicherung sozialer Dienstleister aufgrund des Coronavirus SARS-CoV-2 (Sozialschutz-Paket)	27.03.2020	575	13 21
Verordnung über Erleichterungen der Kurzarbeit (Kurzarbeitergeldverordnung - KugV)	25.03.2020	595	13 21
Verordnung über die Bezugsdauer für das Kurzarbeitergeld (Kurzarbeitergeldbezugsdauerverordnung - KugBeV)	16.04.2020	801	21
Gesetz zur Änderung des Gesetzes über Finanzhilfen des Bundes zum Ausbau der Tagesbetreuung für Kinder und des Kinderbetreuungsfinanzierungsgesetzes	15.04.2020	811	25
Gesetz zur Entlastung bei den Heizkosten im Wohngeld im Kontext der CO2-Bepreisung	15.05.2020	1015	23
Zweites Gesetz zum Schutz der Bevölkerung bei einer epidemischen Lage von nationaler Tragweite	19.05.2020	1018	
Gesetz zu sozialen Maßnahmen zur Bekämpfung der Corona-Pandemie (Sozialschutz-Paket II)	20.05.2020	1055	21
Achte Verordnung zur Änderung der Arbeitslosengeld II/ Sozialgeld-Verordnung	28.05.2020	1206	23
Verordnung zur Bestimmung der Rentenwerte in der gesetzlichen Rentenversicherung und in der Alterssicherung der Landwirte und zur Bestimmung weiterer Werte zum 1. Juli 2020	08.06.2020	1220	30 31 43
Gesetz über die Verteilung der Maklerkosten bei der Vermittlung von Kaufverträgen über Wohnungen und Einfamilienhäuser	12.06.2020	1245	107
Gesetz zur Umsetzung steuerlicher Hilfsmaßnahmen zur Bewältigung der Corona-Krise (Corona-Steuerhilfegesetz)	19.06.2020	1385	7
Verordnung zur Verlängerung des Zeitraums für das vereinfachte Verfahren für den Zugang zu den Grundsicherungssystemen und für Bedarfe für Mittagsverpflegung aus Anlass der COVID-19-Pandemie	25.06.2020	1509	23
Zweites Gesetz zur Umsetzung steuerlicher Hilfsmaßnahmen zur Bewältigung der Corona-Krise (Zweites Corona-Steuerhilfegesetz)	29.06.2020	1512	77

Steuer- und Sozialgesetze 2020

Steuer- und Sozialgesetze 2020 im Überblick	Vom	BGBL Seite	Mehr Info S.
Gesetz über begleitende Maßnahmen zur Umsetzung des Konjunktur- und Krisenbewältigungspakets	14.07.2020	1683	25
Gesetz zur Einführung der Grundrente für langjährige Versicherung in der gesetzlichen Rentenversicherung mit unterdurchschnittlichem Einkommen und für weitere Maßnahmen zur Erhöhung der Alterseinkommen (Grundrentengesetz)	12.08.2020	1879	11
Dritte Verordnung zur Änderung der Mindestunterhaltsverordnung	03.11.2020	2344	41
Dritte Verordnung zur Anpassung der Höhe des Mindestlohns (Dritte Mindestlohnanpassungsverordnung - MiLoV3)	09.11.2020	2356	13
Sozialversicherungs-Rechengrößenverordnung 2021	30.11.2020	2612	29
Bekanntmachung der Umrechnungsfaktoren für den Versorgungsausgleich in der Rentenversicherung	30.11.2020	2614	41
Zweites Gesetz zur steuerlichen Entlastung von Familien sowie zur Anpassung weiterer steuerlicher Regelungen (Zweites Familienentlastungsgesetz - 2. FamEntlastG)	01.12.2020	2616	8
Gesetz zur Beschäftigungssicherung infolge der COVID-19 Pandemie (Beschäftigungssicherungsgesetz -BeschSiG)	03.12.2020	2691	21
Bekanntmachung der Beitragssätze in der allgemeinen Rentenversicherung und der knappschaftlichen Rentenversicherung für das Jahr 2021	09.12.2020	2764	29
Bekanntmachung der Beiträge und der Beitragszuschüsse in der Alterssicherung der Landwirte für das Jahr 2021	09.12.2020	2765	42
Gesetz zur Erhöhung der Behinderten-Pauschbeträge und zur Anpassung weiterer steuerlicher Regelungen	09.12.2020	2770	10
Gesetz zur Ermittlung der Regelbedarfe nach § 28 des Zwölften Buches Sozialgesetzbuch ab dem Jahr 2021 (Regelbedarfsermittlungsgesetz - RBEG)	09.12.2020	2855	23
Jahressteuergesetz 2020 (JStG 2020)	21.12.2020	3096	7
Gesetz über eine einmalige Sonderzahlung aus Anlass der COVID-19-Pandemie an Besoldungs- und Wehrsoldempfänger	21.12.2020	3136	7
Gesetz über die Feststellung des Bundeshaushaltsplans für das Haushaltsjahr 2021 (Haushaltsgesetz 2021)	21.12.2020	3208	18
Künstlersozialabgabe-Verordnung 2021	22.12.2020	3311	40

Jahressteuergesetz 2020

Am 28. Dezember 2020 ist das Jahressteuergesetz 2020 verkündet worden, das für viele Bürger wichtige Änderungen ab 1. Januar 2021 vorsieht. Aus der Vielzahl der Änderungen sind hervorzuheben:

Home-Office-Pauschale

Jeder Arbeitnehmer kann für jeden Tag, an dem er seine berufliche Tätigkeit ausschließlich zu Hause ausübt, pauschal pro Tag 5 Euro, maximal 600 Euro im Jahr, befristet auf die Jahre 2020 und 2021 als Werbungskosten steuerlich geltend machen. Der maximale Betrag entspricht 120 Heimarbeitstagen. Für diese Tage kann der Arbeitnehmer keine Fahrtkosten (Entfernungspauschale) berücksichtigen. Die Home-Office-Pauschale ersetzt pauschal Fahrtkosten für einen Weg zur Arbeitsstätte von knapp 17 Kilometern. Die Home-Office-Pauschale wird auf den Werbungskostenpauschbetrag angerechnet, sodass diese Neuregelung Arbeitnehmern eine Steuervergünstigung bringt, wenn die Werbungskosten zusammen 1.000 Euro übersteigen (S. 88).

Zahlungsfrist für die Steuerbefreiung von Corona-Sonderzahlungen

Die Möglichkeit zur steuerfreien Auszahlung eines Corona-Bonus zusätzlich zum geschuldeten Arbeitslohn bis zur Höhe von 1.500 Euro wurde bis zum 30 Juni 2021 verlängert. Allerdings führt die Fristverlängerung nicht dazu, dass im ersten Halbjahr 2021 nochmals 1.500 Euro steuerfrei ausgezahlt werden können, wenn die Auszahlung 2020 vorgenommen wurde. Hintergrund dieser Zahlungsverlängerung ist das „Gesetz über eine einmalige Sonderzahlung aus Anlass der COVID-19-Pandemie 2020 an Besoldungs- und Wehrsoldempfänger“, das erst am 21. Dezember 2020 verkündet wurde. Danach wird Beamten des Bundes und Soldaten zur Abmilderung der zusätzlichen Belastung durch die Pandemie eine einmalige Sonderzulage gewährt.

Sonderzulage	
für die Besoldungsgruppen A 3 bis A 8	600 Euro
für die Besoldungsgruppen A 9 bis A 12	400 Euro
für die Besoldungsgruppen A 13 bis A 15	300 Euro
für Anwärter	200 Euro

Entlastungsbetrag für Alleinerziehende

Mit dem Zweiten Corona-Steuerhilfegesetz wurde der Entlastungsbetrag für Alleinerziehende für die Jahre 2020 und 2021 von 1.908 Euro auf 4.008 angehoben, um die besondere Situation von Alleinerziehenden in der Corona-Pandemie zu würdigen. Die Befristung auf zwei Jahre wurde aufgehoben, sodass die Erhöhung dauerhaft gilt. Die Wirkung des Entlastungsbetrags hängt von der Höhe des zu versteuernden Einkommens des Alleinerziehenden ab (S.85).

Übungsleiterfreibetrag, Ehrenamtspauschale

Die Einnahmen aus einer nebenberuflichen Tätigkeit als Übungsleiter, Ausbilder, Erzieher, Betreuer oder aus der nebenberuflichen Pflege alter, kranker Menschen oder Menschen mit Behinderung wurde von 2.400 Euro auf 3.000 Euro und die Ehrenamtspauschale von 720 Euro auf 840 Euro ab 1. Januar 2021 erhöht, weil gerade die Corona-Pandemie zeigt, wie wichtig der Einsatz für Andere ist.

Steuer- und sozialpolitische Änderungen 2021

Förderung von Vereinen, vereinfachter Spendennachweis
Zur steuerlichen Geltendmachung einer Spende bis zu 300 Euro (bisher 200 Euro) genügt als Nachweis der Bareinzahlungsbeleg oder die Buchungsbestätigung eines Kreditinstituts und der Nachweis in Form einer Zuwendungsbescheinigung. Aus der Zuwendungsbescheinigung geht die Berechtigung der gemeinnützigen Einrichtung des Vereins zur Ausstellung der Zuwendungsbestätigung für Spenden hervor. Die Zwecke „Klimaschutz“, „Freifunk“ und „Ortsverschönerung“ sind mit dem Jahressteuergesetz 2020 als gemeinnützig eingestuft.

Anhebung der Freigrenze für Sachbezüge
Eine zusätzliche, freiwillige Leistung des Arbeitgebers zum Arbeitslohn stellen steuer- und sozialversicherungsfreie Warengutscheine für Arbeitnehmer dar. Die derzeitige Freigrenze für Sachbezüge von 44 Euro wird ab 1. Januar 2022 auf 50 Euro angehoben (§ 8 Abs. 2 Satz 11 EStG). Sachbezüge des Arbeitgebers sind Gutscheine und Geldkarten, die ausschließlich zum Bezug von Waren oder Dienstleistungen berechtigen, beispielsweise Tankgutscheine oder Geschenkgutscheine. Eine Barauszahlung ist nicht zulässig. Nicht begünstigt sind durch den Arbeitgeber selbst erstellte Gutscheine.

Wohnungsbauprämie
Ab 2021 sind mehr Wohnungsbausparer als bisher prämienberechtigt, weil die Einkommensgrenzen stark angehoben wurden. Für Alleinstehende beträgt die neue Einkommensgrenze 35.000 Euro und bei gemeinsamer steuerlicher Veranlagung von Verheirateten beziehungsweise Lebenspartnern nach dem LPartG 70.000 Euro. Die Wohnungsbauprämie ist von 8,8 Prozent auf 10 Prozent erhöht worden (S. 107).

Weitere steuerliche Entlastungen 2021

Neben den Entlastungen durch das Jahressteuergesetz 2020 wurden für 2021 weitere steuerliche Verbesserungen geschaffen, von denen die meisten Bundesbürger profitieren.

Höherer Grundfreibetrag
Mit dem zweiten Familienentlastungsgesetz ist der steuerliche Grundfreibetrag für 2021 von 9.408 Euro um 336 Euro auf 9.744 Euro angehoben worden. Dieser steigt 2022 weiter auf 9.984 Euro. Auf Basis des Sozialhilferechts wird der Betrag ermittelt, der für den Lebensunterhalt absolut notwendig ist und steuerfrei bleiben muss. Alle zwei Jahre legt die Bundesregierung einen Bericht über die Höhe des Existenzminimums von Erwachsenen und Kindern (Existenzminimumbericht) vor. Nur wenn das Einkommen nach Abzug von Freibeträgen, Werbungskosten und Sonderausgaben diese Grenze übersteigt, fallen Steuern an.

In den Steuertabellen (S. 78 - 86) sind die Grundfreibeträge eingearbeitet, mit Ausnahme der Lohnsteuerklasse V (S. 87). In der Lohnsteuerklasse V wird der Grundfreibetrag nicht berücksichtigt, weil der Ehepartner in der Lohnsteuerklasse III zwei Grundfreibeträge für sich und den Ehegatten abgezogen erhält.

Allein die Erhöhung des Grundfreibetrags verringert die Steuerbelastung im Jahr 2021 bis zu 173 Euro (346 Euro für Verheiratete) gegenüber dem Vorjahr.

Erhöhung des Kindergeldes und des Kinderfreibetrags

Mit dem zweiten Familienentlastungsgesetz wurde auch das Kindergeld nach dem Existenzminimum um 15 Euro für jedes Kind angehoben (S. 77) und der steuerliche Kinderfreibetrag einschließlich des Betreuungsfreibetrags für zusammenveranlagte Eltern für jedes Kind um 576 Euro auf 8.388 Euro. Der Kinderfreibetrag wird bei der Berechnung des Solidaritätszuschlags und der Kirchensteuer berücksichtigt, bei der Lohnsteuerberechnung bleibt der Kinderfreibetrag unberücksichtigt. Bei der Einkommensteuerveranlagung nimmt das Finanzamt eine Günstigerprüfung vor und berücksichtigt den Kinderfreibetrag, sofern dieser eine höhere steuerliche Entlastung bewirkt als das Kindergeld. Übersteigt das zu versteuernde Einkommen eines zusammen veranlagten Ehepaares mit einem Kind 69.000 Euro, ist der Steuervorteil durch Anwendung des Kinderfreibetrags höher als das Kindergeld.

Teilabschaffung des Solidaritätszuschlags

Seit Einführung des Solidaritätszuschlags 1991 haben die Steuerzahler rund 325 Milliarden Euro Solidaritätszuschlag aufgebracht. Mit dem „Gesetz zur Rückführung des Solidaritätszuschlags 1995" entfällt nach Angaben der Bundesregierung der Solidaritätszuschlag (SolZ) 2021 für rund 90 Prozent der Steuerzahler. 6,5 Prozent der Steuerzahler zahlen weniger SolZ als bisher, für 3,5 Prozent bleibt der SolZ unverändert.

Der Solidaritätszuschlag wird von der Einkommensteuer 2021 nur erhoben, wenn die Einkommensteuer nach der Grundtabelle 16.956 Euro (zuvor 972 Euro), nach der Splittingtabelle, für zusammen veranlagte Ehepaare 33.912 Euro (zuvor 1.944 Euro) übersteigt. Bis zu einem zu versteuernden Einkommen von 62.127 Euro sind Alleinstehende (124.254 Euro Verheiratete) vom SolZ befreit. Im letzten Jahr musste ein Alleinstehender mit diesem Einkommen noch 942,09 Euro, ein Verheirateter 1.824,19 Euro SolZ zahlen (S. 78 - 81). Liegt das zu versteuernde Einkommen über 62.127 Euro (124.254 Euro Verheiratete) beträgt der SolZ 11,9 Prozent der Differenz zwischen der Einkommensteuer und der Freigrenze von 16.956 Euro für Alleinstehende und 33.912 Euro für Zusammenveranlagte. Nicht entlastet werden Steuerzahler mit einem zu versteuernden Einkommen über 96.410 Euro (192.820 Euro Zusammenveranlagte). Sie zahlen weiterhin den SolZ von 5,5 Prozent ihrer Einkommensteuer.

Ausgenommen von der SolZ-Entlastung sind alle körperschaftsteuerpflichtigen Unternehmen, insbesondere GmbHs und AGs, die auf die Körperschaftsteuer von 15 Prozent den vollen SolZ (5,5 Prozent), insgesamt 15,825 Prozent unverändert zu tragen haben. Eine andere Gruppe, die von der SolZ-Entlastung ausgenommen wurde, sind alle Sparer, die auf ihre Kapitalerträge die Abgeltungsteuer zahlen, auf die weiterhin der volle Solidaritätszuschlag erhoben wird.

Das Bundesfinanzministerium rechnet mit 1,3 Millionen Personen, die 2021 den SolZ zahlen, der zu rund 10 Mrd. Euro Einnahmen führen soll, 10,9 Mrd. Euro weniger als 2020.

Erhöhung der Pendlerpauschale

Für Arbeitnehmer mit einer Entfernung von der Wohnung zur Arbeitsstätte von mehr als 20 Kilometer steigt ab 2021 die Entfernungspauschale, die als Werbungskosten steuerlich geltend gemacht werden kann. Für die ersten 20 Kilometer bleibt es bei 30 Cent, für jeden weiteren Kilometer ist die Pendlerpauschale auf 35 Cent heraufgesetzt. Die steuerliche Wirkung hängt von der Höhe des zu versteuernden Einkommens ab (S. 89).

Steuer- und sozialpolitische Änderungen 2021

Mobilitätsprämie für Geringverdiener
Geringverdiener, die wegen ihres unterhalb des Existenzminimums liegenden zu versteuernden Einkommens keine Lohn- oder Einkommensteuer zahlen, erhalten für das Jahr 2021 auf Antrag beim Finanzamt durch Abgabe einer Steuererklärung ab dem 21. Entfernungskilometer eine neu geschaffene „Mobilitätsprämie“. Die Mobilitätsprämie beträgt 14 Prozent der erhöhten Pendlerpauschale von 35 Cent, dies sind 4,9 Cent (S. 89).

Höherer Behinderten-Pauschbetrag, behinderungsbedingte Fahrtkostenpauschale
Mit dem Gesetz zur Erhöhung der Behinderten-Pauschbeträge vom 9. Dezember 2020 treten ab Januar 2021 Verbesserungen für Menschen mit Behinderungen ein. Die Behinderten-Pauschbeträge, mit denen die erhöhten Ausgaben der Menschen mit Behinderung steuerlich abgegolten werden und die Einkommensteuer senken, sind ab dem Steuerjahr 2021 verdoppelt worden und betragen abhängig vom Grad der Behinderung zwischen 384 Euro und 2.840 Euro im Jahr. Zudem ist ein Pauschbetrag ab einem Grad der Behinderung von 20 eingeführt worden.

Für blinde Menschen sowie Menschen, die in ihrem Schwerbehindertenausweis das Merkzeichen „H“ (Hilflosigkeit) tragen oder in den Pflegegrad 4 oder 5 eingestuft sind, erhöht sich der Pauschbetrag von 3.700 Euro auf 7.400 Euro.

Steuerjahr	Behinderten-Pauschbetrag bei einem Grad der Behinderung								
	20	30	40	50	60	70	80	90	100
2020	-	310	430	570	720	890	1.060	1.230	1.420
2021	384	620	860	1.140	1.440	1.780	2.120	2.460	2.840

Menschen mit einem Grad der Behinderung von mindestens 80 oder von 70 mit dem Merkzeichen „G“ (Beeinträchtigung der Bewegungsfähigkeit) können ohne Einzelnachweis pauschal 900 Euro Fahrtkosten im Jahr absetzen. Für Menschen mit dem Merkzeichen „aG“ (außergewöhnliche Gehbehinderung), “Bl“ (Blindheit), „TBl“ (Taubblindheit) oder „H“ (Hilflosigkeit) beträgt die behinderungsbedingte Fahrtkostenpauschale 4.500 Euro.

Höherer Pflege-Pauschbetrag
Pflegepersonen, die Pflegebedürftige im Pflegegrad 2 und 3 unentgeltlich im häuslichen Bereich pflegen, erhalten ab 2021 erstmals einen Pflege-Pauschbetrag in Höhe von 600 Euro (Pflegegrad 2) und 1.100 Euro (Pflegegrad 3). Für die Pflege von Personen im Pflegegrad 4 und 5 ist der bisherige Pflege-Pauschbetrag von 904 Euro auf 1.800 Euro erhöht worden. Wird ein Pflegebedürftiger von mehreren Steuerpflichtigen gepflegt, wird der Pflege-Pauschbetrag aufgeteilt.

Höhere Absetzbarkeit von Aufwendungen für das Alter
Ab 2021 können Aufwendungen für das Alter steuerlich besser abgesetzt werden. Dazu gehören Beiträge zur gesetzlichen Rentenversicherung, zu berufsständischen Versorgungseinrichtungen, landwirtschaftlichen Alterskassen und private Basis- oder Rürup-Renten. Die Beiträge zu den Versorgungsträgern sind Sonderausgaben bis zur Höhe von 25.787 Euro (2020: 25.046 Euro). Für Ehepaare oder eingetragene Lebenspartner verdoppelt sich der Betrag. Von den Sonderausgaben wirken sich 92 Prozent (2020: 90 Prozent) steuermindernd aus. Alleinstehende können somit ihr zu versteuerndes Einkommen um bis zu 23.724 Euro, Verheiratete bis zu 47.448 Euro senken.

Geringerer Rentenfreibetrag - höhere Besteuerung
Ab 1. Januar 2021 haben Neurentner mehr ihrer Rente zu versteuern. 81 Prozent ihrer gesetzlichen Rente unterliegen der Besteuerung (2020: 80 %). 19 Prozent der vollen Jahresbruttorente bleiben steuerfrei. Beginnt die Rente frühestens im Februar 2021, beträgt der Rentenfreibetrag 19 Prozent der im Jahr 2022 insgesamt für 12 Monate gezahlten Bruttorente. Der Rentenfreibetrag ist ein Euro-Betrag, der für die gesamte Rentenzeit nominal unverändert bleibt. Dadurch steigt mit jeder Rentenerhöhung die zu versteuernde Rente. Rentenerhöhungen unterliegen zu 100 Prozent der Besteuerung.

Änderungen in der gesetzlichen Rentenversicherung

Folgende Änderungen sind 2021 eingetreten: Anhebung der Beitragsbemessungsgrenzen, Erhöhung des Zugangsalters für Rentner, stärkerer Rentenabschlag, Erweiterung der Zurechnungszeit für Erwerbsgeminderte und Einführung der Grundrente.

Beitragsbemessungsgrenzen steigen
Die maßgebende Veränderungsrate der Bruttolöhne und -gehälter der Arbeitnehmer betrug im Jahr 2019 in den alten Bundesländern 2,85 Prozent, sodass die Bezugsgröße und die Beitragsbemessungsgrenzen in der gesetzlichen Rentenversicherung entsprechend für 2021 angepasst wurden (S. 29). Für den Anstieg der Jahresarbeitsentgeltgrenze in der Krankenversicherung wird die Veränderungsrate der Bruttolöhne und -gehälter für Gesamtdeutschland zugrunde gelegt, die 2,94 Prozent betrug (S. 44).

Erweiterung der Zurechnungszeit
Versicherte, die 2021 die Erwerbsminderungsrente beantragen, erhalten die Erwerbsminderungsrente berechnet, als hätten sie bis zum Alter von 65 Jahren und zehn Monaten gearbeitet. Die sogenannte Zurechnungszeit hat sich um einen Monat verlängert und verbessert die Erwerbsminderungsrente für Neurentner um etwa 2 Prozent.

Erhöhung des Zugangsalters für Rentner
Durch die schrittweise Anhebung des Renteneintrittsalters kann ein 1956 geborener Versicherter die abschlagsfreie Rente erst mit 65 Jahren und 10 Monaten erhalten, einen Monat später als 1955 geborene Versicherte.

Stärkerer Rentenabschlag
Versicherte, die 2021 bereits mit 63 Jahren in Rente gehen, erhalten ihre Rente mit einem Rentenabschlag von 10,2 Prozent, ein um 0,3 Prozentpunkte höherer Abschlag als für Versicherte, die 2020 mit 63 Jahren in Rente gingen. Auch Versicherte, die 2021 als besonders langjährig Versicherte nach 45 Versicherungsjahren ohne Abschlag die Rente beantragen, erhalten die ungekürzte Altersrente erst mit 63 Jahren und 10 Monaten, wenn sie 1957 geboren sind, 1958 geborene Versicherte erst mit 64 Jahren.

Höherer Hinzuverdienst für Rentner 2021
Wegen der Personalengpässe in der Corona-Pandemie ist die Hinzuverdienstgrenze im Jahr 2020 für Rentner mit vorgezogener Altersrente von jährlich 6.300 Euro auf 44.590 Euro angehoben worden, ohne dass dieser Hinzuverdienst die Rente kürzt. Ursprünglich sollte die Regelung Ende 2020 auslaufen, sie gilt jedoch vorerst mit einer Anhebung auf 46.060 Euro bis zum 31. Dezember 2021 weiter.

Steuer- und sozialpolitische Änderungen 2021

Keine Rentenerhöhung zum 1. Juli 2021
Wegen des Rückgangs sozialversicherungspflichtiger Beschäftigter und der geringeren Durchschnittsentgelte wird mit dem Ausbleiben einer Rentenerhöhung zum 1. Juli 2021 gerechnet (S. 33). Damit häufen sich die Jahre der Nullrunden auf insgesamt sechs in den letzten 20 Jahren, während in den 40 Jahren zuvor nur einmal eine Rentenerhöhung ausblieb.

Einführung der Grundrente
Zum 1. Januar 2021 ist die neue Grundrente eingeführt für Rentnerinnen und Rentner, die trotz jahrelanger Beschäftigung, Kindererziehung und Pflege von Angehörigen eine sehr niedrige Rente erhalten. Die Grundrente ist ein Zuschlag zur niedrigen Rente.

Der Zuschlag ist an bestimmte Voraussetzungen geknüpft. Der Versicherte bzw. der Rentner muss mindestens 33 Jahre mit Beschäftigungszeiten, Kindererziehung und Pflege erreicht haben und während dieser Zeit im Durchschnitt zwischen 30 und 80 Prozent des Durchschnittsverdienstes der Arbeitnehmer erzielt haben.

Der volle Zuschlag wird bei mindestens 35 Versicherungsjahren erreicht. Nach 35 Jahren kann die eigene Rente mit der Grundrente zusammen höchstens 925,58 Euro betragen. Nach Abzug des Kranken- und Pflegeversicherungsbeitrages, durchschnittlich 11,25 Prozent, kommen bestenfalls eine Gesamtnettorente im Monat von 821,45 Euro zur Auszahlung.

Der Anspruch auf eine Grundrente ist auch von einer automatisierten Einkommensprüfung abhängig. Zu einer Kürzung der Grundrente kommt es, wenn das zu versteuernde Einkommen im Monat mehr als 1.250 Euro bzw. das gemeinsame Einkommen von Ehepaaren mehr als 1.950 Euro beträgt. Je 100 Euro mehr Einkommen verringert den Zuschlag um 60 Euro. Liegt das Einkommen über 1.600 Euro, bei Paaren über 2.300 Euro wird das Mehreinkommen voll auf die Grundrente angerechnet. Nach Angaben des Arbeits- und Sozialministers werden durch die Grundrente rund 1,3 Millionen Menschen, zu rund 70 Prozent Frauen, eine Aufbesserung ihrer niedrigen Rente erfahren.

Allerdings verzögert sich wegen des hohen Verwaltungsaufwandes die Auszahlung der Grundrente um mehrere Monate. Nach durchgeführter Berechnung des Anspruchs durch den Rentenversicherungsträger erfolgt eine Rückzahlung.

Beispiel für die Berechnung der Grundrente
Den vollen Zuschlag gibt es bei 35 Grundrentenjahren, wenn die Rente keine 80 Prozent der Rente eines Durchschnittsverdieners (957,80 Euro in West, 930,91 Euro in Ost) ausmacht. Der Unterschied der erreichten eigenen Rente für 35 Jahre zur Obergrenze wird um 12,5 Prozent gekürzt und ergibt den Zuschlag.

Eine Versicherte erhält nach 35 Beitragsjahren eine Rente (West) von 700 Euro.	
Unterschied zur Obergrenze von 957,80 €	257,80 €
Zuschlag 87,5 % der Differenz	225,58 €
Gesamtrente brutto 700,00 € + 225,58 €	925,58 €
Gesamtrente abzüglich KV + PV-Beitrag 104,13 € (11,25 %)	821,45 €

Kurzarbeitergeld
Die Erhöhung des Kurzarbeitergeldes auf 70 Prozent (77 % für Verheiratete) ab dem vierten Monat und auf 80 Prozent (87 %) ab dem siebten Monat wird bis zum 31. Dezember 2021 verlängert für Beschäftigte, die bis 31. März 2021 in Kurzarbeit eintreten. Entgelt aus einer geringfügigen Beschäftigung während der Kurzarbeit wird nicht auf das Kurzarbeitergeld angerechnet. Die Bezugsdauer für das Kurzarbeitergeld verlängert sich für Betriebe, bei denen die Kurzarbeit bis zum 31. Dezember 2020 begonnen hat, auf bis zu 24 Monate, längstens bis zum 31. Dezember 2021.

Höhere Regelbedarfe in der Grundsicherung
Ab 1. Januar 2021 gelten neue Regelbedarfe in der Grundsicherung und in der Sozialhilfe (S. 23). Der Zeitraum für den vereinfachten Zugang zu den Grundsicherungssystemen ist bis zum 31. März 2021 verlängert worden.

Mindestlohn
Der gesetzliche Mindestlohn beträgt ab 1. Januar 2021 brutto 9,50 Euro, ab 1. Juli 2021 brutto 9,60 Euro je Arbeitsstunde. Die Anhebung entspricht dem Vorschlag der Mindestlohnkommission vom 30. Juni 2020.

Branche	Mindestlohn
Aus- und Weiterbildung - Pädagogische Mitarbeiter / - mit Bachelor-Abschluss	16,68 € / 17,02 €
Steinmetz- und Steinbildhauerhandwerk	12,20 €
Elektrohandwerk (Montage)	12,40 €
Maler- und Lackiererhandwerk - ungelernte Arbeitnehmer / Gesellen	11,10 € / 13,50 €
Pflegebranche ab April 2021 in West / Ost (S.51)	11,80 € / 11,50 €
Dachdeckerhandwerk - ungelernte Arbeitnehmer / Geselle	12,60 € / 14,10 €
Gebäudereinigerhandwerk - Innen u. Unterhaltsreinigung - Glas u. Fassadenreinigung	 10,80 € 14,10 €
Abfallwirtschaft ab Oktober 2021	10,45 €

Mindestvergütung für Auszubildende
Bei nicht tarifgebundenen Arbeitgebern beträgt die Mindestvergütung Auszubildender:

Ausbildungsbeginn	1. Ausbildungsjahr	2. Jahr	3. Jahr	4. Jahr
2021	550 €	649 €	743 €	770 €

Ausbildungsförderung
Das BAföG stieg ab Oktober 2020 um zwei Prozent und der Freibetrag des anzurechnenden Vermögens Studierender wurde von 7.500 auf 8.200 Euro heraufgesetzt.

Bedarfssätze Studierender	Wintersemester 2020/2021
Grundbedarf	427 €
Wohnen	325 €
KV/PV Zuschuss[1]	109 €
BAföG Höchstsatz	861 €
Kinderbetreuungszuschlag[2]	150 €

[1] Für Studierende, die nicht bei ihren Eltern mitversichert sind [2] Für Studierende mit Kindern oder bei Pflege pflegebedürftiger Eltern

Demografische Daten

Bevölkerung	2000		2010		2013		2020	
	in Mio.	in %	in Mio.	in %	in Mio.	in %	in Mio.	in %
Einwohner	82,3	100,0	81,8	100,0	80,8	100,0	83,2	100,0
männlich	40,2	48,8	40,1	49,0	39,6	49,0	41,1	49,4
weiblich	42,1	51,2	41,7	51,0	41,2	51,0	42,1	50,6
Deutsche	75,0	91,2	74,6	91,2	73,8	91,3	72,7	87,7
Ausländer	7,3	8,8	7,2	8,8	7,0	8,7	10,5	12,3
Bevölkerung nach Altersgruppen								
unter 15 Jahre	12,8	15,5	10,9	13,4	10,6	13,1	11,4	13,7
15 bis unter 25	9,3	11,3	9,1	11,2	8,7	10,8	8,5	10,3
25 bis unter 45	25,3	30,7	21,4	26,2	20,3	25,1	20,8	25,0
45 bis unter 65	21,3	25,9	23,4	28,7	24,4	30,2	24,4	29,3
65 und mehr	13,7	16,6	16,8	20,6	16,8	20,8	18,1	21,8

Abweichungen in den Summen durch Rundungen möglich; Daten zum Ende des jeweiligen Jahres

Der Anteil der Älteren steigt

Nach der neuen Bevölkerungsvorausberechnung wird die Einwohnerzahl Deutschlands bis zum Jahr 2060 um knapp fünf Millionen auf 78,2 Millionen zurückgehen. Stark wird sich die Relation zwischen Jung und Alt verändern. Heute sind 18,4 Prozent unter 20 Jahre alt und 19,4 Prozent 67 Jahre und älter. Im Jahr 2060 wird fast jeder Dritte (27,4 %) über 67 Jahre sein und nur 18 Prozent unter 20. Heute leben in Deutschland ca. 5,7 Millionen 80-Jährige und Ältere (6,9 % der Bevölkerung), ihre Zahl wird bis 2060 auf ca. 9 Millionen ansteigen.

Bevölkerung	2020		2030		2040		2060	
	in Mio.	in %	in Mio.	in %	in Mio.	in %	in Mio.	in %
Einwohner	83,2	100,0	83,3	100,0	82,1	100,0	78,2	100,0
Alter unter 20 Jahre	15,3	18,4	15,7	18,9	14,9	18,1	14,1	18,0
Alter 20 bis unter 67 Jahre	51,8	62,2	48,6	58,3	45,8	55,8	42,7	54,6
67 Jahre und älter	16,1	19,4	19,0	22,8	21,4	26,1	21,4	27,4

Altersaufbau: 2020
Deutschland

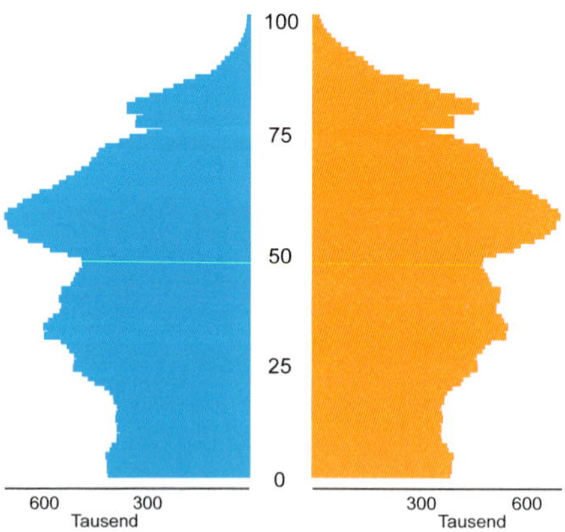

Altersaufbau: 2060
Deutschland

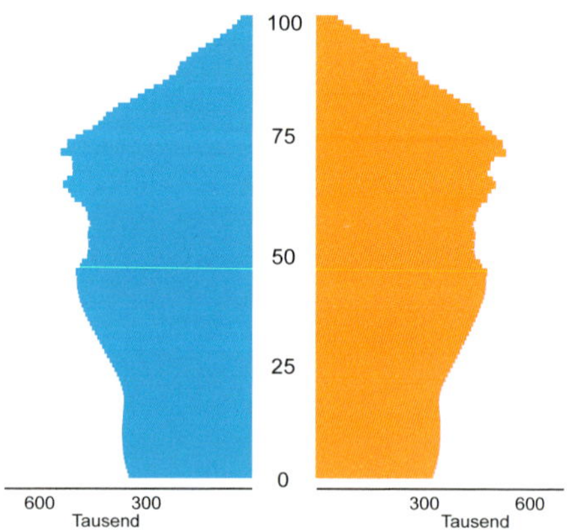

Quelle: Statistisches Bundesamt (14. koordinierte Bevölkerungsvorausberechnung 2019; Variante 2)

Geburtenrate in Deutschland

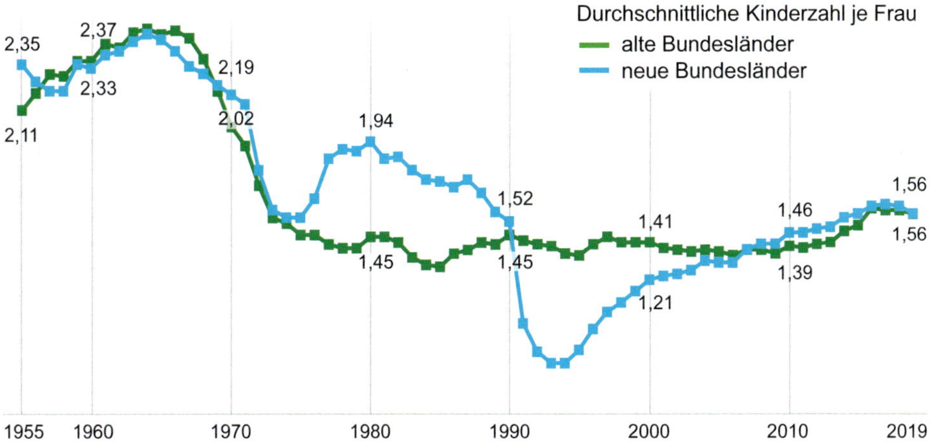

In den alten Bundesländern sank die durchschnittliche Kinderzahl je Frau im Jahr 2019 auf 1,56 Kinder (Vorjahr 1,58). In den neuen Bundesländern betrug die Geburtenrate ebenfalls 1,56 und lag deutlich unter dem Vorjahreswert von 1,60 Kindern. Um die Bevölkerung ohne Zuwanderung zu erhalten, müssten Frauen im Schnitt 2,1 Kinder zur Welt bringen. Frauen bekommen ihr erstes Kind immer später. Mütter waren bei Erstgeburt im Durchschnitt 30,1 Jahre alt. Zehn Jahre zuvor lag das Durchschnittsalter bei 28,8 Jahren.

Geborene und Gestorbene

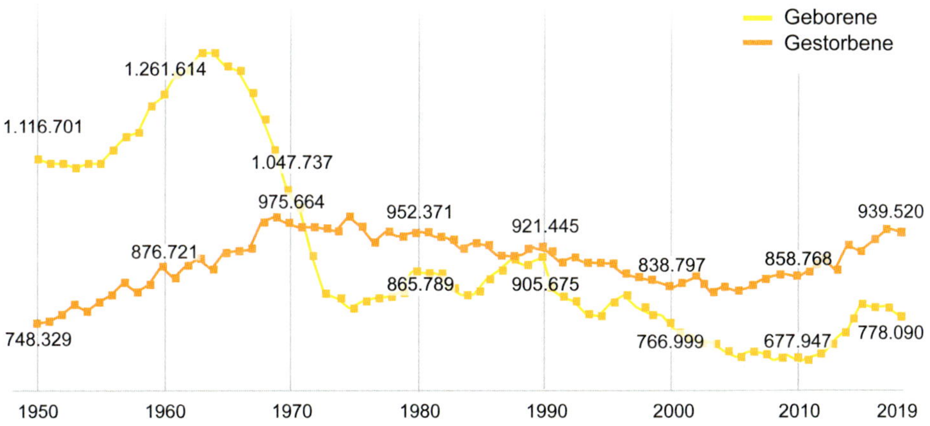

Die Zahl der Geborenen sank 2019 gegenüber 2018 um 9.433 auf 778.090. Seit 1972 bleibt die Anzahl der Geborenen unter der Zahl der Gestorbenen. 2019 starben 939.520 Menschen, dies sind 161.430 mehr als geboren wurden, im Jahr 2018 lag die Differenz bei 167.351. Wegen der Zuwanderer kam es zu keiner Bevölkerungsabnahme. 2019 hatte Deutschland einen Zuwanderungsgewinn von 327.060 Personen, 2018 betrug der Zuwanderungsgewinn 399.680 Personen.

Demografische Daten

Durchschnittliche Lebenserwartung

Lebenserwartung in Jahren		Neugeborene		65-Jährige	
		Männlich	Weiblich	Männlich	Weiblich
Sterbetafel	1924 / 1926	56,0	58,8	11,5	12,2
	1986 / 1988	71,7	78,0	13,8	17,3
	2000 / 2002	75,4	81,2	15,9	19,6
	2017 / 2019	78,6	83,4	17,9	21,1

Quelle: Statistisches Bundesamt, Periodensterbetafeln für Deutschland

Lebenserwartung nach der Kohortensterbetafel
„Neugeborene haben hohe Chancen älter als 90 Jahre zu werden", teilte das Statistische Bundesamt bereits im Juni 2017 mit. Wenn sich der Trend zu einem immer längeren Leben fortsetzt, könnten neugeborene Jungen durchschnittlich bis zu 90 Jahre, Mädchen bis zu 93 Jahre alt werden.

Eine Chance 100 Jahre alt zu werden, haben bis zu 16 Prozent der heute geborenen Jungen und bis zu 22 Prozent der heute geborenen Mädchen. Von den heute 50-jährigen Frauen erreicht voraussichtlich jede Zehnte das 100. Lebensjahr, von gleichaltrigen Männern rund fünf Prozent.

Diese Vorausberechnungen nach der Kohortensterbetafel des Statistischen Bundesamtes setzen weitere Fortschritte in der Medizin, gesündere Lebensstile und einen steigenden Wohlstand der Bevölkerung voraus. Negative Auswirkungen auf die Lebenserwartung wie Kriege, Umwelt- oder Wirtschaftskatastrophen müssten ausbleiben. Im Gegensatz zur Periodensterbetafel, die die durchschnittliche Lebenserwartung der gesamten Bevölkerung während bestimmter Kalenderjahre abbildet, berücksichtigen Kohortensterbetafeln Vorausschätzungen künftiger Sterblichkeitsverhältnisse.

Geburtsjahr	Alter im Jahr 2021	Durchschnittliche Lebenserwartung in Jahren		Bei Erreichen des ... Lebensjahres beträgt die durchschnittliche Lebenserwartung ... Jahre					
				65		67		70	
		Männlich	Weiblich	Männlich	Weiblich	Männlich	Weiblich	Männlich	Weiblich
1961	60	24,42	28,13	20,61	23,85	19,15	22,17	16,99	19,70
1966	55	29,28	33,20	21,26	24,41	19,76	22,71	17,55	20,20
1971	50	34,46	38,46	21,90	24,95	20,36	23,23	18,10	20,68
1976	45	39,85	43,85	22,52	25,48	20,96	23,74	18,64	21,16
1981	40	45,38	49,32	23,13	25,99	21,54	24,23	19,18	21,62
1986	35	50,97	54,83	23,73	26,49	22,10	24,71	19,70	22,07
1991	30	56,61	60,36	24,31	26,89	22,66	25,18	20,21	22,52
1996	25	62,28	65,91	24,88	27,45	23,20	25,64	20,72	22,95
2001	20	67,92	71,45	25,43	27,91	23,73	26,08	21,21	23,36
2006	15	73,58	76,97	25,97	28,35	24,25	26,51	21,69	23,77
2011	10	79,27	82,50	26,49	28,78	24,75	26,92	22,15	24,16
2016	5	84,94	88,00	26,99	29,19	25,23	27,33	22,61	24,55
2020	1	89,43	92,36	27,39	29,51	25,61	27,64	22,96	24,84

Quelle: Statistisches Bundesamt, Kohortensterbetafeln für Deutschland 2020 (Variante 2)

Nach der Kohortensterbetafel hat eine 1981 geborene, heute 40-jährige Frau im Durchschnitt eine weitere Lebenserwartung von 49,32 Jahren. Wenn sie 65 Jahre alt ist, lebt sie im Schnitt noch fast 26 Jahre, im Alter von 70 Jahren noch durchschnittlich 21,62 Jahre.

Geborene je 1.000 Einwohner in der EU

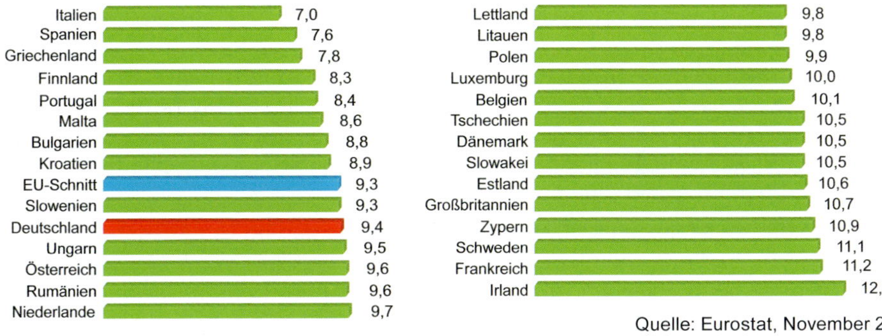

Quelle: Eurostat, November 2020

Mit 9,4 Geburten pro 1.000 Einwohner in Deutschland sank die Zahl 2019 gegenüber 2018 um 0,1 Geburten und liegt knapp über dem EU-Durchschnitt mit 9,3 Geburten.

Lebenserwartung von Neugeborenen

Männer

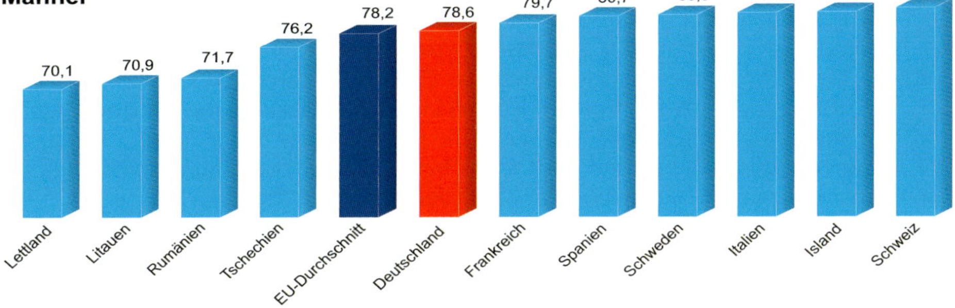

Frauen

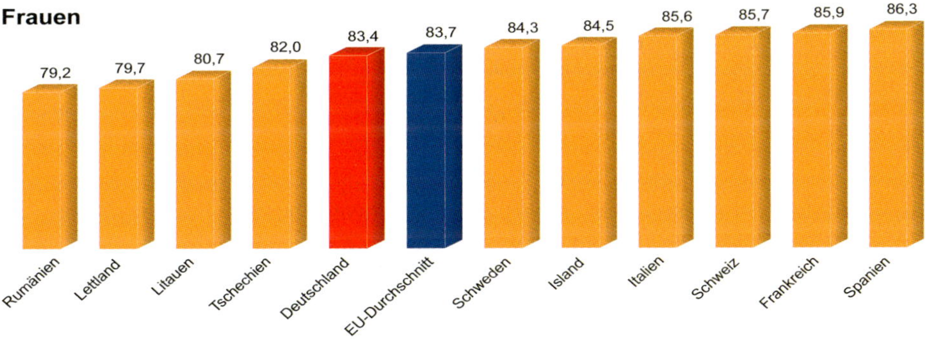

Quelle: Eurostat, November 2020

In den einzelnen Ländern der EU schwankt die Lebenserwartung Neugeborener zwischen 70 und 82 Jahren (Männer) und 79 und 86 Jahren (Frauen). In den nächsten 50 Jahren wird die durchschnittliche Lebenserwartung um weitere sieben Jahre steigen, schätzt die Organisation für wirtschaftliche Zusammenarbeit und Entwicklung (OECD).

Bundeshaushalt

Bundeshaushalt 2021 mit 179,8 Milliarden Neuverschuldung

Für das milliardenschwere Hilfspaket zur Bekämpfung der Corona-Pandemie hat die Bundesregierung 2020 die Schuldenbremse aufgegeben. Doch hat der Bund weniger Schulden aufnehmen müssen als im Haushalt vorgesehen waren. Nach dem vorläufigen Rechnungsabschluss für 2020 belief sich die Nettokreditaufnahme auf 130,5 Mrd. Euro, 87,3 Mrd. Euro weniger als geplant waren. Insgesamt gab der Bund statt der vorgesehenen 508 Mrd. Euro nur 443,4 Mrd. Euro aus und hatte mit 313 Mrd. Euro Einnahmen, 22,3 Mrd. Euro mehr eingenommen als erwartet.

In ihrer Hauhaltsaufstellung für 2021 geht die Bundesregierung von Ausgaben in Höhe von 498,6 Mrd. Euro aus und rechnet nur mit Einnahmen von 318,8 Mrd. Euro, sodass die Lücke durch neue Schulden von 179,8 Mrd. Euro gedeckt werden soll.

Im Bundeshaushalt 2021 ist weiterhin der Etat des Bundeministeriums für Arbeit und Soziales der größte Posten im Haushalt. Allein auf Leistungen an die Rentenversicherung entfallen 107 Mrd. Euro. Erhöht wird die Beteiligung des Bundes an arbeitsmarktpolitischen Maßnahmen, wie das Arbeitslosengeld II (insgesamt 26,4 Mrd. Euro) oder an Kosten für Unterkunft und Heizung (11,2 Mrd. Euro). Im Gesundheitsetat sind zur Stabilisierung der Beitragssätze für den Gesundheitsfonds 14,5 Mrd. Euro vorgesehen. Zudem werden aufgrund der Corona-Pandemie Zuschüsse in Höhe von 2,9 Mrd. Euro zur Bekämpfung des Virus und 2,66 Mrd. Euro zur Beschaffung von Impfstoffen bereitgestellt. Für Unternehmenshilfen erhält der Etat der Allgemeinen Finanzverwaltung 37,5 Mrd. Euro sowie 30 Mrd. Euro für Kosten im Zusammenhang mit der Bewältigung der Pandemie. Auch in Krisenzeiten weicht die Regierung nicht von ihrem Ziel ab, die Wirtschaft zu modernisieren und stellt 61,85 Mrd. Euro für Investitionen, wie etwa für neue Technologien zur Umsetzung der Klimawende, zur Verfügung.

Bundeshaushalt in Mrd. €	2015	2016	2017	2018	2019	2020	2021
Ausgaben	311,4	317,4	331,0	337,1	356,4	508,5	498,6
Einnahmen	311,4	317,4	331,0	348,3	356,4	290,7	318,8
davon Steuereinnahmen	281,7	289,0	309,4	322,4	328,3	264,8	292,8
Verwaltungs- u. Münzeinnahmen	29,7	28,4	21,7	25,9	28,1	25,9	26,0
Nettokreditaufnahme	0	0	0	0	0	217,8	179,8

Finanzplan des Bundes

Die Bundesregierung will bei ihrer Finanzplanung ihrem Kurs treubleiben und den Auswirkungen der Corona-Krise mit einer breiten Investitionsoffensive begegnen. Die Verkehrsinvestitionen werden im Finanzplan ab 2022 auf einem Niveau von über 18 Mrd. Euro verstetigt. Für Bildung und Forschung sind bis 2024 fast 110 Mrd. vorgesehen.

Finanzplan bis 2024 in Mrd. €	2022	2023	2024
Ausgaben	387,0	387,1	393,3
davon Ausgaben für Investitionen	48,0	48,0	48,0
Einnahmen	387,0	387,1	393,3
davon Steuereinnahmen	308,4	325,2	338,5
Nettokreditaufnahme	10,5	6,7	5,2

Ausgaben des Bundes 2021

Aufteilung der Ausgaben des Bundes von 498,6 Mrd. Euro im Jahr 2021

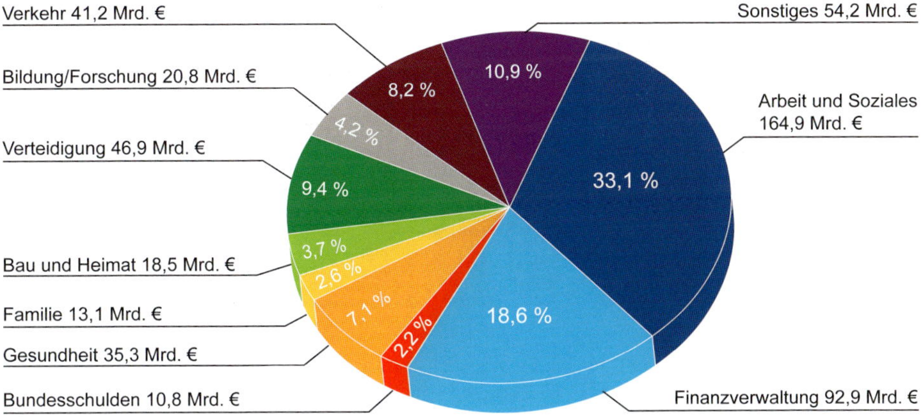

Mit 164,9 Mrd. Euro, 33,1 Prozent des Gesamthaushalts von 498,6 Mrd. Euro, bleibt der Etat des Bundesministeriums für Arbeit und Soziales der größte Posten im Bundeshaushalt. Im Etat der Allgemeinen Finanzverwaltung stecken umfangreiche Hilfen für die Wirtschaft. Die Steuereinnahmen werden mit 292,8 Mrd. Euro veranschlagt, sodass sich der Bund zur Deckung aller Ausgaben mit 179,8 Mrd. Euro neu verschulden muss. Die Zinsen und die Rückführung der Schulden werden die Haushalte der nächsten Jahre stärker belasten.

Entwicklung der Schulden des Bundes in Milliarden Euro

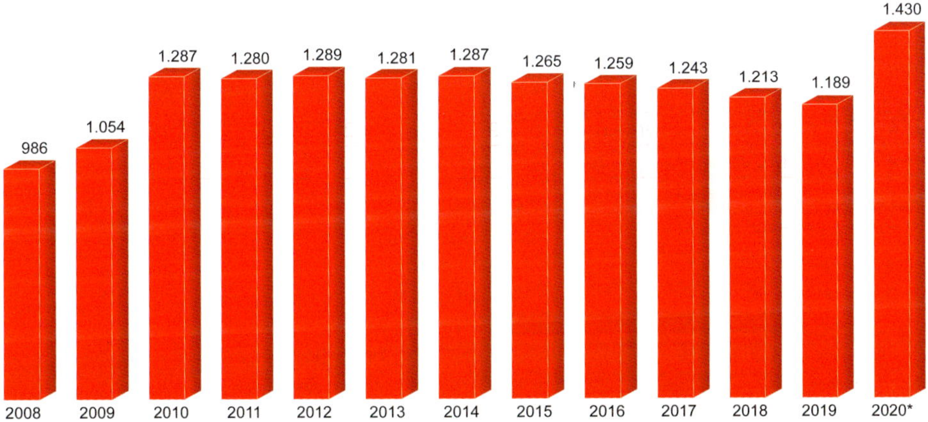

Quelle: Statistisches Bundesamt; *Stand 30.09.2020

Der Schuldenberg des Bundes türmte sich bis 2012 auf 1,289 Billionen Euro auf. Danach konnten die Schulden langsam abgebaut werden, um 100 Mrd. Euro bis 2019. Aufgrund der Corona-Pandemie steigen die Bundesschulden wieder kräftig an und haben 2020 das Rekordhoch von 2012 weit übertroffen.

Bundeshaushalt

Schulden der öffentlichen Haushalte

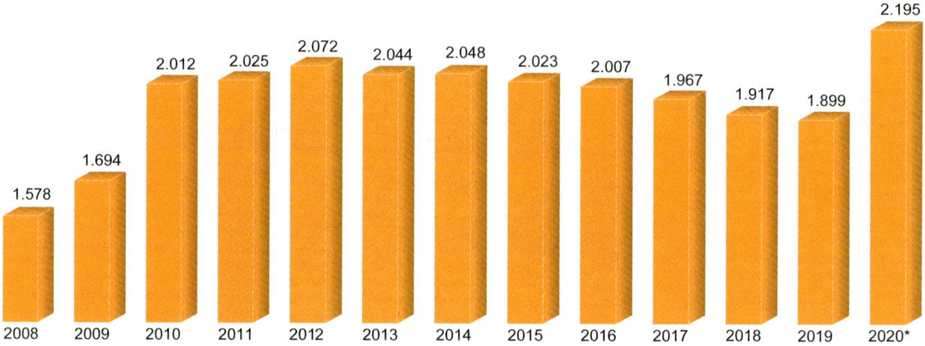

Quelle: Statistisches Bundesamt; *Stand 30.09.2020

Am Ende des dritten Quartals 2020 stiegen die Schulden von Bund, Ländern und Gemeinden gegenüber 2019 um 16 Prozent auf 2,195 Billionen Euro. Hauptschuldner ist der Bund mit 1.430 Mrd. Euro. Die Bundesländer haben Schulden in Höhe von 631 Mrd. Euro und die Gemeinden in Höhe von 134 Mrd. Euro. Von den Bundesländern ist Nordrhein-Westfalen mit 239 Mrd. Euro Schuldenspitzenreiter.

Der gesamte Schuldenstand Deutschlands lag im zweiten Quartal 2020 bei 67,4 Prozent des Bruttoinlandsprodukts (BIP) und wird in Folge der Auswirkungen der COVID-19-Pandemie bis Ende 2020 auf rund 71 Prozent des BIP steigen. Das Bruttoinlandsprodukt ist der gesamte Wert der Produktion von Waren und Dienstleistungen.

Bruttoschulden 2020 in Prozent des BIP

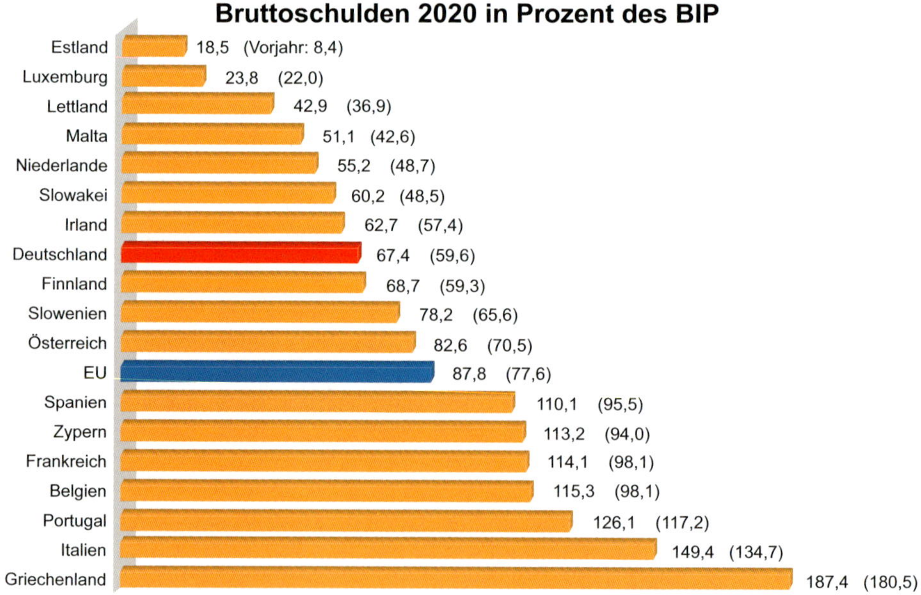

Quelle: Eurostat; Stand 2. Quartal 2020

Kurzarbeit in Deutschland

Wegen der Einschränkungen durch die Corona-Krise haben seit Beginn im März bis Ende Oktober 2020 im Durchschnitt 3,6 Millionen Arbeitnehmer das Kurzarbeitergeld bekommen. Rund 1,1 Millionen Betriebe haben 2020 Kurzarbeit angezeigt.

Kurzarbeitergeld

Wird in Betrieben die wöchentliche Arbeitszeit infolge wirtschaftlicher Gründe vorübergehend verkürzt, zahlt die Agentur für Arbeit das Kurzarbeitergeld (Kug). Die Bezugsdauer beträgt längstens 12 Monate. Für Betriebe, die vor 2021 in Kurzarbeit gingen, wird das Kug bis zu 24 Monate, längstens bis zum 31. Dezember 2021 gezahlt.

Einen erleichterten Zugang zum Kurzarbeitergeld haben Betriebe, die bis zum 31. März 2021 Kurzarbeit anzeigen. Der Anspruch besteht, wenn mindestens 10 Prozent der Beschäftigten (sonst 1/3) einen Arbeitsentgeltausfall von mehr als 10 Prozent bis zu 100 Prozent ihres monatlichen Bruttoentgelts haben.

Das Kurzarbeitergeld beträgt 60 Prozent, für Arbeitnehmer mit Kindern 67 Prozent des ausgefallenen pauschalierten Nettolohns. Für diejenigen, die das Kug für eine um mindestens 50 Prozent reduzierte Arbeitszeit beziehen, steigt nach dem Sozialschutz-Paket II das Kug ab dem 4. Monat des Bezugs auf 70 bzw. 77 Prozent und ab dem 7. Monat des Bezugs auf 80 bzw. 87 Prozent für Bezieher mit Kindern. Längstens gilt diese Regelung bis Ende 2021 bei Beginn des Kug spätestens März 2021.

So wirkt sich das Kug auf die Rente aus: Der Arbeitnehmer ist mit seinem verminderten Arbeitsentgelt voll versichert und zusätzlich mit 80 Prozent des Entgeltausfalls. Für 80 Prozent des Entgeltausfalls zahlt der Arbeitgeber Rentenversicherungsbeiträge, die ihm bei Kurzarbeit bis 30. Juni 2021 voll, für die Zeit der Kurzarbeit vom 1. Juli bis 31. Dezember 2021 zu 50 Prozent die Bundesagentur für Arbeit erstattet.

Pauschaliertes monatliches Nettoentgelt für das Kurzarbeitergeld 2021*

Bruttoarbeits-entgelt	Steuerklasse			Bruttoarbeits-entgelt	Steuerklasse		
	I/IV	II	III		I/IV	II	III
1.200	950,59	960,00	960,00	2.600	1.781,00	1.825,25	2.007,67
1.400	1.080,75	1.108,92	1.120,00	2.800	1.893,59	1.939,09	2.131,67
1.600	1.200,59	1.235,67	1.280,00	3.000	2.004,67	2.051,50	2.254,50
1.800	1.317,25	1.356,17	1.440,00	3.200	2.114,42	2.162,59	2.374,84
2.000	1.435,25	1.475,50	1.600,00	3.400	2.222,75	2.272,25	2.494,17
2.200	1.551,92	1.593,42	1.750,34	3.600	2.329,75	2.380,59	2.612,84
2.400	1.667,17	1.710,00	1.881,00	3.800	2.435,34	2.487,50	2.731,00

Beispiel für die Berechnung des Kurzarbeitergeldes: Arbeitnehmer, verheiratet, 1 Kind, StKl III/1
Monats-Bruttoentgelt vor Kurzarbeit 3.000,00 €, pauschaliertes Nettoentgelt 2.254,50 €
Monats-Bruttoentgelt in Kurzarbeit 1.800,00 €, pauschaliertes Nettoentgelt 1.440,00 €
Nettodifferenz 814,50 €, Kurzarbeitergeld = Nettodifferenz 814,50 € x 67 % 545,72 €

*Pauschaliertes Nettoentgelt ist das Bruttoarbeitsentgelt abzüglich Lohnsteuer und 20 % Sozialabgaben

Lohnersatzleistungen sind steuerfrei. Diese unterliegen dem Progressionsvorbehalt, wodurch es zu einer höheren Besteuerung anderer steuerpflichtiger Einkünfte kommt.

Einkommensteuerberechnung mit Lohnersatzleistungen - Progressionsvorbehalt						
zvE ohne Lohnersatz	EKSt ohne Lohnersatz	Lohnersatz-leistung	EKSt mit Lohnersatz	Steuer-satz	Neue EKSt zvE x Steuersatz	Mehr EKSt
20.000 €	2.266 €	10.000 €	5.091 €	16,97 %	3.394 €	1.128 €

Arbeitslosigkeit in Deutschland

In der Finanzkrise 2009 schnellte die Arbeitslosigkeit auf 8,1 Prozent. 3,4 Millionen Menschen waren damals arbeitslos. Danach ging die Arbeitslosigkeit Jahr für Jahr bis 2019 auf 5,0 Prozent zurück. Durch die Corona-Pandemie stieg die Arbeitslosigkeit im Jahresdurchschnitt 2020 auf rund 2,7 Millionen Arbeitslose, 5,9 Prozent.

Arbeitslose und Arbeitslosenquote in Deutschland

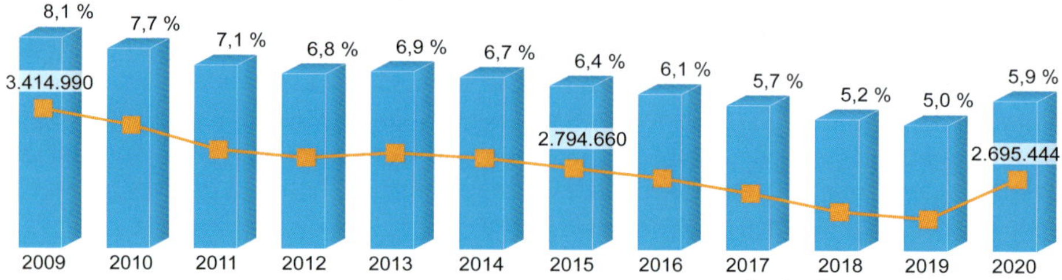

Quelle: Bundesagentur für Arbeit

Dauer des Anspruchs auf Arbeitslosengeld

Nach Versicherungspflicht mit einer Dauer von mindestens ... Monaten	Nach Vollendung des Lebensjahres	Anspruchsdauer in Monaten
12		6
16		8
20		10
24		12
30	50.	15
36	55.	18
48	58.	24

Voraussetzung für den Anspruch auf Arbeitslosengeld ist, dass der Anspruchsteller 30 Monate vor der Arbeitslosenmeldung mindestens 12 Monate versicherungspflichtig beschäftigt war, sich bei der Agentur für Arbeit arbeitslos meldet und eine versicherungspflichtige Beschäftigung sucht und mindestens 15 Stunden pro Woche ausüben kann.

Höhe des Arbeitslosengeldes (ALG I)

Das Arbeitslosengeld beträgt 60 Prozent, für Arbeitslose mit mindestens einem kindergeldberechtigten Kind 67 Prozent. Es errechnet sich aus dem durchschnittlichen täglichen versicherungspflichtigen Bruttoentgelt der letzten 12 Monate vor der Arbeitslosigkeit. Dieses Bruttoentgelt wird um eine Sozialversicherungspauschale von 20 Prozent und die Lohnsteuer gemindert. Das Arbeitslosengeld ist steuerfrei; es unterliegt dem Progressionsvorbehalt nach § 32b EStG.

Monatliches Arbeitslosengeld (ALG I) für Arbeitnehmer ohne Kinder

Brutto-entgelt	Alleinstehende Verh. StKl IV	Verheiratete StKl III	Brutto-entgelt	Alleinstehende Verh. StKl IV	Verheiratete StKl III
1.200	563,70	568,20	2.400	988,50	1.115,70
1.400	641,10	662,70	2.800	1.122,90	1.264,50
1.600	712,50	757,50	3.200	1.254,00	1.408,80
1.800	781,50	852,00	3.600	1.382,10	1.550,10
2.000	851,40	946,80	4.000	1.506,30	1.689,60

Erhöhung der Grundsicherung für fast 7 Millionen Bedürftige

Rund 4 Millionen Bezieher von Arbeitslosengeld II und ihre 1,6 Millionen Kinder, zusätzlich 565.000 Menschen über 65 Jahren und weitere 539.000 dauerhaft voll erwerbsgeminderte Frauen und Männer im Alter von 18 bis unter 65 Jahren erhalten die Grundsicherung. Sowohl die Grundsicherung für Arbeitsuchende (SGB II) als auch die Grundsicherung im Alter und bei Erwerbsminderung (SGB XII) sind zum 1. Januar 2021 angehoben worden. Danach steigt der Regelsatz für Alleinstehende um 3,2 Prozent von 432 Euro auf 446 Euro (s. Tabelle „Grundsicherung für ALG II-Bezieher").

Zusätzlich zum Regelbedarf werden den Leistungsberechtigten die Aufwendungen für Unterkunft und Heizung ersetzt, soweit diese angemessen sind. Beiträge für eine eigene Altersvorsorge, z.B. Basis-Rente, sowie Mindestbeiträge für eine Riester-Rente können übernommen werden.

Hilfe zum Lebensunterhalt kommt denen zugute, die ihren notwendigen Lebensunterhalt nicht aus ihrem Einkommen bestreiten können. Vom Einkommen des Leistungsberechtigten sind nicht nur die Sozialversicherungsbeiträge abzusetzen, sondern 3 Prozent des Einkommens, mindestens 5 Euro, für die zu einem geförderten Altersvorsorgevertrag (Riester-Rente) entrichteten Beiträge. Vom zu berücksichtigen Vermögen des Leistungsberechtigten ist ein Grundfreibetrag und ein Altersvorsorgevermögen abzuziehen. Einkommen aus einer Riester-Rente oder Betriebsrente wird nicht voll angerechnet. Ein Sockelbetrag von 100 Euro monatlich bleibt anrechnungsfrei. Bestimmte Vermögensgegenstände wie ein angemessenes Kraftfahrzeug, ein selbst genutztes Hausgrundstück oder Eigentumswohnung werden beim Vermögen nicht berücksichtigt.

Wer bis zum 31. März 2021 einen Antrag auf Leistungen der Grundsicherung stellt und erklärt, über kein erhebliches Vermögen zu verfügen (60.000 Euro plus 30.000 Euro für jedes weitere Haushaltsmitglied), darf Erspartes behalten. Außerdem werden die Ausgaben für Wohnung und Heizung in den ersten sechs Monaten des Leistungsbezugs in tatsächlicher Höhe anerkannt.

Grundsicherung für ALG II-Bezieher, Rentner und voll Erwerbsgeminderte						
Jahr	Alleinstehende/ Alleinerziehende 100 %	Volljährige Partner 90 %	18 - 24-Jährige im Haushalt der Eltern	Kinder von 14 bis 17 Jahren	Kinder von 6 bis 13 Jahren	Kinder bis 5 Jahre
2020	432 €	389 €	345 €	328 €	308 €	250 €
2021	446 €	401 €	357 €	373 €	309 €	283 €

Mehr Wohngeld für 660.000 Haushalte

Seit 1. Januar 2020 gibt es aufgrund des deutlichen Anstiegs der Wohnkosten mehr Wohngeld. Insgesamt profitieren rund 660.000 Haushalte vom Wohngeld. Das Wohngeld richtet sich nach Haushaltsgröße, Einkommen und Miete. Wohngeldtabellen bieten eine Orientierung. Wer Arbeitslosengeld II, Sozialhilfe oder Grundsicherung im Alter bezieht, erhält kein Wohngeld, weil Unterkunftskosten bei den Transferleistungen berücksichtigt sind. Zum 1. Januar 2022 wird das Wohngeld erstmals dynamisiert und alle zwei Jahre an die aktuelle Miet- und Einkommensentwicklung angepasst.

Elterngeld

Seit 2007 gibt es das Elterngeld. Familie und Beruf sollen besser vereinbart werden können und mehr Paare zur Familiengründung ermutigt werden. Im Jahr 2019 haben rund 1,9 Millionen, 1,4 Millionen Mütter und 456.000 Väter das Elterngeld bezogen. Fast jede Mutter nimmt nach der Geburt des Kindes Elternzeit. Ein Elternteil kann höchstens für 12 Monate Elterngeld beziehen; zwei weitere Monate wird es gewährt, wenn der andere Elternteil seine Erwerbstätigkeit zugunsten der Kinderbetreuung einschränkt. Mit dem Elterngeld werden Familien bis zur Vollendung des 14. Lebensmonats ihres Kindes unterstützt.

Elterngeld Plus

Eltern, die nach der Geburt des Kindes in Teilzeit arbeiten, können statt eines Elterngeldmonats zwei Elterngeld Plus-Monate in Anspruch nehmen. Bereits jeder vierte Elterngeldbezieher profitierte vom längeren Elterngeldbezug. Bis zu 14 Monate können Mütter und Väter das Elterngeld gleichzeitig beziehen und dabei jeder bis zu 30 Wochenstunden arbeiten. In der Summe der Elterngeldbeträge werden sie jedoch so gestellt wie diejenigen, die ihre Erwerbstätigkeit voll unterbrechen. Alleinerziehende können das Elterngeld Plus bis zu 28 Elterngeld Plus-Monate in Anspruch nehmen.

Das Elterngeld ersetzt 67 Prozent des durchschnittlichen monatlichen Nettoeinkommens aus der Erwerbstätigkeit in den zwölf Kalendermonaten vor der Geburt des Kindes. Liegt das Nettoeinkommen über 1.200 Euro im Monat, beträgt das Elterngeld 65 Prozent. Begrenzt ist das Elterngeld auf 1.800 Euro.

Keinen Anspruch auf Elterngeld haben Hartz IV-Bezieher. Einkommen aus einer Tätigkeit wird auf das Elterngeld angerechnet. Es verbleibt jedoch ein Mindestelterngeld von 300 Euro. Geringverdiener mit einem Nettoeinkommen unter 1.000 Euro erhalten bis zu 100 Prozent ihres Einkommens ersetzt. Für je 2 Euro Einkommen unter 1.000 Euro wird der Satz von 67 Prozent um 0,1 Prozentpunkte erhöht.

Beispiel: Eine Frau verdient 600 Euro. Der Aufschlag beträgt 20 Prozentpunkte, sodass sie Elterngeld in Höhe von 87 Prozent erhält.

Mindestelterngeld von 300 Euro für 21,0 Prozent der Elterngeldbezieher

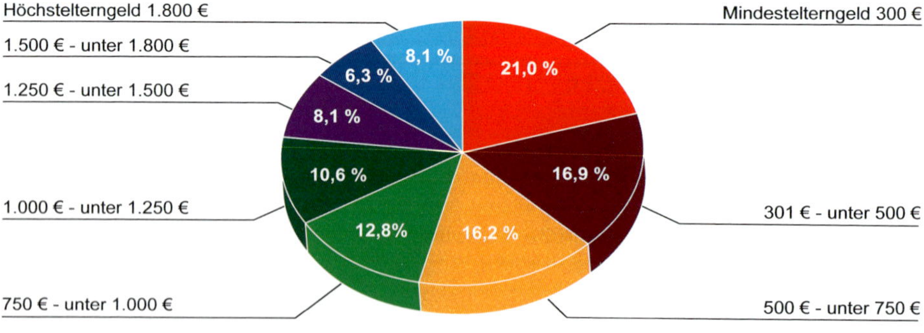

Quelle: Statistisches Bundesamt; Statistik zum Elterngeld 2020

Ein Drittel der Kinder unter 3 Jahren in Kinderbetreuung

Zur besseren Vereinbarkeit von Familie und Beruf besteht seit 2013 das Recht auf einen Betreuungsplatz in einer Kindertagesstätte oder Kindertagespflege für alle Kinder ab dem vollendeten ersten Lebensjahr. Mit 5,5 Mrd. Euro vom Bund sollen die Länder Verbesserungen wie etwa längere Öffnungszeiten, gesündere Ernährung oder die Ausbildung von Fachkräften in der Kindertagespflege voranbringen. Neben Sozialhilfeempfängern sollen die Länder auch Familien mit geringem Einkommen, die Wohngeld oder den Kinderzuschlag beziehen, von der Kita-Beitragspflicht befreien. So könnten 1,2 Millionen Kinder einen beitragsfreien Kita-Platz erhalten.

Der Bund stellt Mittel des Sondervermögens in Höhe von 1.000 Millionen Euro in den Jahren 2020 und 2021 den Ländern zusätzlich zur Finanzierung von weiteren 90.000 Betreuungsplätzen für Kinder unter sechs Jahren bereit.

Im März 2020 gab es 57.600 Kindertageseinrichtungen, knapp 900 mehr als im Vorjahr. Bundesweit waren 829.200 Kinder unter drei Jahren, 35 Prozent, in einer Kindertagesbetreuung.

Kindertagesbetreuung für Kinder unter 3 Jahren

Quelle: Statistisches Bundesamt, Stand März 2020

Betreuungsgeld in Bayern und Sachsen

In Bayern wird seit 1. September 2018 das „Bayerische Familiengeld“ für jedes Kind vom 13. bis zum 36. Monat gezahlt. Es gibt 250 Euro pro Monat, ab dem dritten Kind 300 Euro. In Sachsen gibt es das einkommensabhängige „Landeserziehungsgeld“. Dort erhalten Eltern für Kinder im zweiten und dritten Lebensjahr 150 Euro für das erste, 200 Euro für das zweite und 300 Euro für das dritte Kind. Die Einkommensgrenzen liegen für Alleinerziehende bei 14.100 Euro, für Paare bei 17.100 Euro. Ab dem 3. Kind wird das Erziehungsgeld einkommensunabhängig gewährt.

Kinderzuschlag zum Kindergeld

Durch das Starke-Familien-Gesetz erhalten seit 1. Juli 2019 Eltern, deren Einkommen für den eigenen Lebensunterhalt ausreicht, nicht aber für die Bedürfnisse ihres Kindes, zusätzlich zum Kindergeld einen monatlichen Kinderzuschlag bis zu 205 Euro, abhängig vom eigenen Einkommen, den Wohnkosten, der Familiengröße und dem Alter des Kindes. Zudem sind die Eltern von Kita-Gebühren befreit und können zusätzliche Leistungen für Bildung und Teilhabe erhalten.

Bei Anträgen auf Kinderzuschlag, die bis zum 31. März 2021 gestellt werden, wird die Vermögensprüfung erleichtert. Eltern müssen danach keine Angaben mehr zu ihrem Vermögen machen, wenn sie ohne erhebliches Vermögen sind (Ehepaar unter 90.000 Euro).

Einnahmen und Ausgaben

Einnahmen	2019	2020	Ausgaben	2019	2020
Beiträge Bundeszuschuss Sonst. Einnahmen	248,0 Mrd. € 77,6 Mrd. € 1,1 Mrd. €	251,6 Mrd. € 75,3 Mrd. € 1,3 Mrd. €	Renten Sonstige Ausgaben	291,4 Mrd. € 33,4 Mrd. €	289,1 Mrd. € 43,8 Mrd. €
Gesamt	326,7 Mrd. €	328,2 Mrd. €	Gesamt	324,8 Mrd. €	332,9 Mrd. €
Saldo				+ 1,9 Mrd. €	- 4,7 Mrd. €

Quelle: Deutsche Rentenversicherung Bund; für 2020 voraussichtliche Werte

Saldo der Einnahmen und Ausgaben in Milliarden Euro

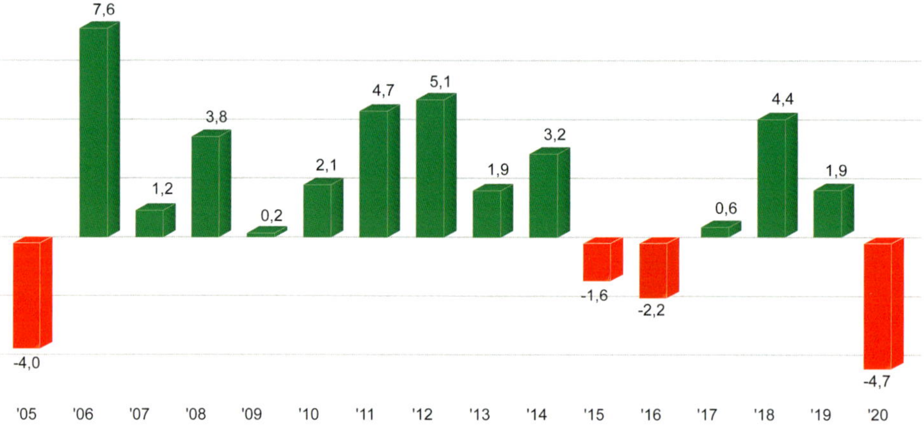

2020 werden die Ausgaben der Rentenversicherung die Einnahmen um 4,7 Mrd. Euro übertreffen. Das Vermögen der Rentenversicherung betrug im November 2020 37,1 Mrd. Euro und damit das 1,57-fache einer Monatsausgabe an Renten. Aufgrund des wirtschaftlichen Einbruchs als Folge der Corona-Pandemie wird mit einer weiteren Senkung der Nachhaltigkeitsrücklage gerechnet. Beiträge müssen erhöht werden, wenn die Rücklage unter 0,2 Monatsausgaben sinkt. Die Bundesregierung geht von einer Erhöhung 2023 aus.

Nachhaltigkeitsrücklage in Monatsausgaben an Renten

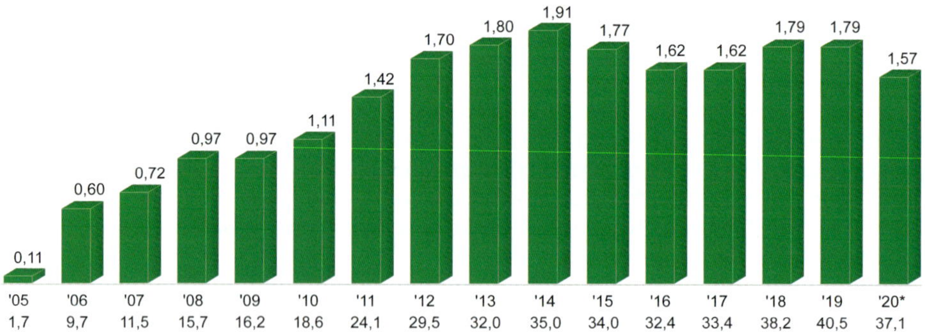

Nachhaltigkeitsrücklage in Mrd. Euro; *Stand November 2020

Anzahl der laufenden Renten am 31. Dezember 2019 insgesamt: 25,5 Millionen

Altersrenten Erwerbsminderungsrenten	18,4 Mio. 1,8 Mio.	Hinterbliebenenrenten	5,3 Mio.

Von den 25,5 Millionen Renten zahlte die Deutsche Rentenversicherung Bund 20,4 Millionen in die alten Bundesländer und 5,1 Millionen in die neuen Bundesländer. Als Versichertenrenten (Altersrenten und Erwerbsminderungsrenten) wurden 79 Prozent der Renten geleistet. Von den 18,4 Millionen Altersrenten sind 58 Prozent vor dem 65. Lebensjahr von langjährig und besonders langjährig Versicherten, Schwerbehinderten, Arbeitslosen und Altersteilzeitbeschäftigten sowie von Frauen in Anspruch genommen worden. Nur 42 Prozent der Altersrenten begannen mit 65 Jahren (Regelaltersrenten).

Durchschnittliches Rentenzugangsalter

Rentenzugangsalter in Jahren			
Männer West	Männer Ost	Frauen West	Frauen Ost
62,2	61,9	62,7	61,8

Durchschnittliche Rentenbezugsdauer

Rentenbezugsdauer in Jahren			
Männer West	Männer Ost	Frauen West	Frauen Ost
18,2	17,8	21,1	24,1

Rentenbestand und durchschnittlicher Zahlbetrag der Renten

Rentenbestand und durchschnittlicher Zahlbetrag der Renten am 31.12.2019	Alte Bundesländer		Neue Bundesländer	
	Männer	Frauen	Männer	Frauen
Versichertenrenten	7.248.951	8.888.556	1.751.621	2.281.808
davon: Erwerbsminderungsrenten	665.766	749.529	192.650	207.313
Durchschnittlicher Rentenzahlbetrag	836 €	818 €	794 €	927 €
Altersrenten insgesamt	6.583.185	8.139.027	1.558.971	2.074.495
Durchschnittlicher Rentenzahlbetrag	1.169 €	700 €	1.264 €	1.033 €
Witwen- / Witwerrenten	510.763	3.733.372	201.334	872.496
Durchschnittlicher Rentenzahlbetrag	332 €	665 €	452 €	728 €

Quelle: Deutsche Rentenversicherung Bund

Der durchschnittliche monatliche Zahlbetrag der Altersrenten lag in den neuen Bundesländern höher als in den alten, sowohl bei den Frauen als auch bei den Männern, weil die Rentner in den neuen Bundesländern mehr Versicherungsjahre erfüllten. Während den Renten an Männer in den alten Bundesländern durchschnittlich 40,6 Jahre zugrunde lagen, beruhten die Renten an Männer in den neuen Bundesländern auf einer Anzahl von 44,6 Jahren. Den Renten an Frauen lagen in den alten Bundesländern im Durchschnitt nur 27,5 Jahre zugrunde, in den neuen Bundesländern 41,3 Jahre.

Deutliche Unterschiede gab es bei den Renten an Frauen und Männer. Die Altersrenten an Frauen lagen weit unter denen an Männer. Die Gründe finden sich vor allem in den unterschiedlichen Erwerbsbiografien der Frauen und Männer in den alten und neuen Bundesländern. Männer erreichen weit mehr rentenrechtliche Jahre als Frauen und erzielen durch höhere Entgelte mehr Rente.

Die eine Rente bestimmenden Entgeltpunkte waren bei Frauen mit durchschnittlich 0,7326 pro Jahr in den alten Ländern und 0,8156 in den neuen Ländern erheblich niedriger als bei den Männern mit 1,0453 in den alten und 0,9999 pro Jahr in den neuen Bundesländern.

Anzahl der Rentenneuzugänge

Jahr	Versichertenrenten	Hinterbliebenenrenten	Gesamt
1960	427.754	233.892	661.646
1970	608.054	298.431	906.485
1980	635.280	297.241	932.521
1990	740.639	290.560	1.031.199
2000	1.092.603	377.058	1.469.661
2010	856.224	380.478	1.236.702
2018	952.337	398.190	1.350.527
2019	977.663	386.991	1.364.654

Versichertenrentenneuzugänge 2019 nach Rentenarten

Rentenart	Männer Anzahl	Männer in %	Frauen Anzahl	Frauen in %
Renten wegen verminderter Erwerbsfähigkeit	79.134	17,3	82.400	15,8
Regelaltersrenten	154.539	33,8	202.316	38,9
Altersrenten wegen Arbeitslosigkeit	656	0,1	55	0,0
Altersrenten für Frauen			821	0,2
Altersrenten für Schwerbehinderte	26.346	5,8	26.127	5,0
Altersrenten für langjährig Versicherte	59.407	13,0	92.323	17,8
Altersrenten für besonders langjährig Versicherte	137.487	30,0	116.005	22,3
Zusammen	457.616*	100,0	520.047	100,0

*Summe beinhaltet 47 Altersrenten für langjährig unter Tage Beschäftigte

Aufteilung der Neuzugänge an Versichertenrenten

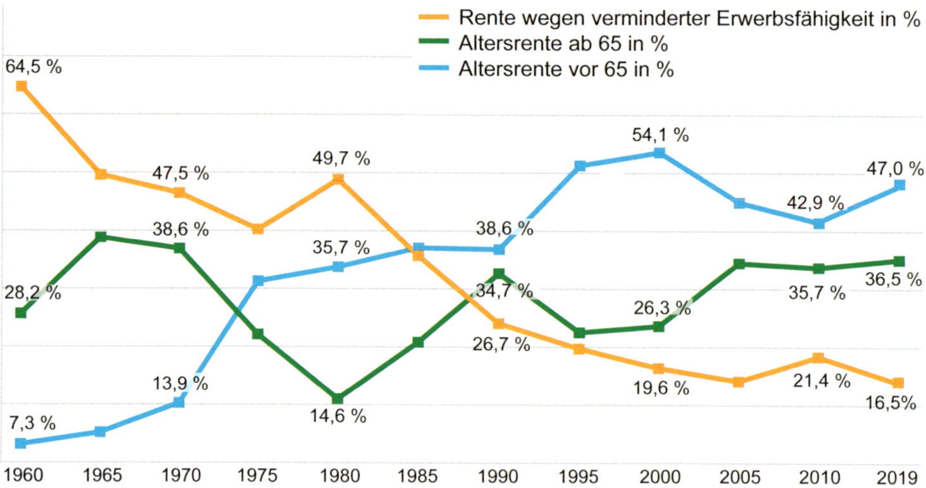

Quelle: Statistik Deutsche Rentenversicherung

2019 entfielen von 1,36 Mio. Rentenneuzugängen 71,6 Prozent auf Renten an Versicherte und 28,4 Prozent auf Renten an Hinterbliebene. Von den 977.663 Renten an Versicherte bekam jeder 6. Rentner (161.534) eine Rente wegen verminderter Erwerbsfähigkeit, 87,3 Prozent davon wegen voller Erwerbsminderung, 12,7 Prozent wegen teilweiser Erwerbsminderung. Von den Rentnern, die 2019 erstmals ihre Rente erhielten, bekamen fast zwei Drittel ihre Rente vor der Regelaltersgrenze (47,0 % Altersrentner, 16,5 % Erwerbsminderungsrentner), ein Drittel bezog die Altersrente ab 65 Jahren.

Rechengrößen 2021 der Sozialversicherung	Alte Bundesländer		Neue Bundesländer	
	Monatlich	Jährlich	Monatlich	Jährlich
Beitragsbemessungsgrenzen				
Gesetzliche RV, Arbeitslosenversicherung	7.100,00	85.200,00	6.700,00	80.400,00
Krankenversicherung / Pflegeversicherung	4.837,50	58.050,00	4.837,50	58.050,00
Versicherungspflichtgrenze				
Gesetzliche Krankenversicherung	5.362,50	64.350,00	5.362,50	64.350,00
Beitragssätze				
Gesetzliche Rentenversicherung	18,6 %			
Arbeitslosenversicherung	2,4 %			
Gesetzliche Krankenversicherung	14,6 %			
Gesetzliche Pflegeversicherung	3,05 %			
zusätzlich für Kinderlose	0,25 %			
AG-Beiträge für geringfügig Beschäftigte				
GRV: Gewerbl. Bereich / Privathaushalte	15 % / 5 %			
Krankenversicherung: Gewerblich / Privat	13 % / 5 %			
Gesetzliche Rentenversicherung				
Bezugsgröße	3.290,00	39.480,00	3.115,00	37.380,00
Vorläufiges Durchschnittsentgelt 2021	3.379,25	41.541,00		
Umrechnungsfaktor für Verdienst Ost			1,0560	
Mindestbeitrag	83,70	1.004,40	83,70	1.004,40
Regelbeitrag für pflichtvers. Selbstständige	611,94	7.343,28	579,39	6.952,68
Höchstbeitrag für Pflichtversicherte	1.320,60	15.400,80	1.246,20	14.954,40
Höchstbeitrag für freiwillig Versicherte*	1.320,60	15.847,20	1.320,60	15.847,20
Aufwand für 1 € Altersrente im Monat	18,38	220,56	17,68	212,16
Rente für je 1.000 € Jahresentgelt 2021	0,82		0,88	
Rente für ein Jahr Kindererziehung	34,18		33,22	
Rente 2021 für einen Mindestbeitrag*	0,37		0,37	
Rente 2021 für einen Pflicht-Regelbeitrag*	2,71		2,63	
Rente 2021 für einen Pflicht-Höchstbeitrag*	5,84		5,66	
Rente für 1 Monat Minijob (450 € Entgelt)				
- bei Rentenversicherungspflicht	0,37		0,39	
- bei Versicherungspflichtbefreiung	0,30		0,31	
Hinzuverdienst bei vorgezogener AR		46.060		46.060
Hinzuverdienst bei voller EMR		6.300		6.300
Freibetrag f. Einkommensanrechnung				
- Witwen- / Witwerrenten	902,62		877,27	
Knappschaftliche Rentenversicherung				
Beitragssatz	24,7 %		24,7 %	
Beitragsbemessungsgrenze (€)	8.700,00	104.400,00	8.250,00	99.000,00
Höchstbeitrag Arbeitgeberanteil (15,4 %)	1.339,80	16.077,60	1.270,50	15.246,00
Arbeitnehmeranteil (9,3 %)	809,10	9.709,20	767,25	9.207,00

* Für freiwillig Versicherte in den neuen Bundesländern gelten Beiträge und Leistungen der alten Bundesländer

Gesetzliche Rentenversicherung

Entwicklung der Bemessungsgrößen — Alte Bundesländer

Jahr	Beitrags-satz %	Beitragsbemes-sungsgrenze mtl. DM, ab 2002 in €	Beitragsbemes-sungsgrenze jährl. DM, ab 2002 in €	Höchstbeiträge mtl. DM, ab 2002 in €	Höchstbeiträge jährl. DM, ab 2002 in €	Durch-schnitts-brutto-entgelte DM, ab 2002 in €	Bezugs-größe jährlich DM, ab 2002 in €	ABG; ab ´92 aktueller Rentenwert DM, ab 2002 in €	Renten-anpas-sungen in % am 1.7.
1978	18,0	3.700	44.400	666,00	7.992,00	26.242	23.400	21.608	0,00
1979	18,0	4.000	48.000	720,00	8.640,00	27.685	25.200	21.068	4,50
1980	18,0	4.200	50.400	756,00	9.072,00	29.485	26.400	21.911	4,00
1981	18,5	4.400	52.800	814,00	9.768,00	30.900	28.080	22.787	4,00
1982	18,0	4.700	56.400	846,00	10.152,00	32.198	29.520	24.099	5,76
1983	18,0/18,5	5.000	60.000	900,00	10.900,00	33.293	30.960	25.445	5,59
1984	18,5	5.200	62.400	962,00	11.544,00	34.292	32.760	26.310	3,40
1985	18,7/19,2	5.400	64.800	1.010,00	12.309,00	35.286	33.600	27.099	3,00
1986	19,2	5.600	67.200	1.075,00	12.900,00	36.627	34.440	27.885	2,90
1987	18,7	5.700	68.400	1.066,00	12.792,00	37.726	36.120	28.945	3,80
1988	18,7	6.000	72.000	1.122,00	13.464,00	38.896	36.960	29.814	3,00
1989	18,7	6.100	73.200	1.141,00	13.692,00	40.063	37.800	30.709	3,00
1990	18,7	6.300	37.800	1.178,00	14.136,00	20.973	39.480	31.661	3,10
1991	18,7/17,7	6.500	78.000	1.216,00	14.007,00	44.421	40.320	33.149	4,70
1992	17,7	6.800	81.600	1.203,60	14.443,20	46.820	42.000	41,44/42,63	2,87
1993	17,5	7.200	86.400	1.260,00	15.120,00	48.178	44.520	44,49	4,36
1994	19,2	7.600	91.200	1.459,20	17.510,40	49.142	47.040	46,00	3,39
1995	18,6	7.800	93.600	1.450,80	17.409,60	50.665	48.720	46,23	0,50
1996	19,2	8.000	96.000	1.536,00	18.432,00	51.678	49.560	46,67	0,95
1997	20,3	8.200	98.400	1.664,60	19.975,20	52.143	51.240	47,44	1,65
1998	20,3	8.400	100.800	1.705,20	20.462,40	52.925	52.080	47,65	0,44
1999	20,3/19,5	8.500	102.000	1.725,50	20.094,00	53.507	52.920	48,29	1,34
2000	19,3	8.600	103.200	1.659,80	19.917,60	54.256	53.760	48,58	0,60
2001	19,1	8.700	104.400	1.661,70	19.940,40	55.216	53.760	49,51	1,91
2002	19,1	4.500	54.000	859,50	10.314,00	28.626	28.140	25,86	2,16
2003	19,5	5.100	61.200	994,50	11.934,00	28.938	28.560	26,13	1,04
2004	19,5	5.150	61.800	1.004,25	12.051,00	29.060	28.980	26,13	0,00
2005	19,5	5.200	62.400	1.014,00	12.168,00	29.202	28.980	26,13	0,00
2006	19,5	5.250	63.000	1.023,75	12.285,00	29.494	29.400	26,13	0,00
2007	19,9	5.250	63.000	1.044,75	12.537,00	29.951	29.400	26,27	0,54
2008	19,9	5.300	63.600	1.054,70	12.656,40	30.625	29.820	26,56	1,10
2009	19,9	5.400	64.800	1.074,60	12.895,20	30.506	30.240	27,20	2,41
2010	19,9	5.500	66.000	1.094,50	13.134,00	31.144	30.660	27,20	0,00
2011	19,9	5.500	66.000	1.094,50	13.134,00	32.100	30.660	27,47	0,99
2012	19,6	5.600	67.200	1.097,60	13.171,20	33.002	31.500	28,07	2,18
2013	18,9	5.800	69.600	1.096,20	13.154,40	33.659	32.340	28,14	0,25
2014	18,9	5.950	71.400	1.124,55	13.494,60	34.514	33.180	28,61	1,67
2015	18,7	6.050	72.600	1.131,35	13.576,20	35.363	34.020	29,21	2,10
2016	18,7	6.200	74.400	1.159,40	13.912,80	36.187	34.860	30,45	4,25
2017	18,7	6.350	76.200	1.187,45	14.249,40	37.077	35.700	31,03	1,90
2018	18,6	6.500	78.000	1.209,00	14.508,00	38.212	36.540	32,03	3,22
2019	18,6	6.700	80.400	1.246,20	14.954,40	39.301	37.380	33,05	3,18
2020	18,6	6.900	82.800	1.283,40	15.400,80	40.551*	38.220	34,19	3,45
2021	18.6	7.100	85.200	1.320,60	15.847,20	41.541*	39.480		

* Vorläufige Werte

Entwicklung der Bemessungsgrößen — Neue Bundesländer

Jahr	Beitragssatz %	Beitragsbemessungsgrenze mtl. DM, ab 2002 in €	Beitragsbemessungsgrenze jährl. DM, ab 2002 in €	Höchstbeiträge mtl. DM, ab 2002 in €	Höchstbeiträge jährl. DM, ab 2002 in €	Umrechnungswert Ost	aktueller Rentenwert DM, ab 2002 in €	Rentenanpassungen in % am 1.7.
1998	20,3	7.000	84.000	1.421,00	17.052,00	1,2113	40,87	0,89
1999	20,3*	7.200	86.400	1.461,60	17.020,80	1,2054	42,01	2,79
2000	19,3	7.100	85.200	1.370,30	16.443,60	1,2030	42,26	0,60
2001	19,1	7.300	87.600	1.394,30	16.731,60	1,2003	43,15	2,11
2002	19,1	3.750	45.000	716,25	8.595,00	1,1972	22,70	2,89
2003	19,5	4.250	51.000	828,75	9.945,00	1,1943	22,97	1,19
2004	19,5	4.350	52.200	848,25	10.179,00	1,1932	22,97	0,00
2005	19,5	4.400	52.800	858,00	10.296,00	1,1827	22,97	0,00
2006	19,5	4.400	52.800	858,00	10.296,00	1,1827	22,97	0,00
2007	19,9	4.550	54.600	905,45	10.865,40	1,1841	23,09	0,54
2008	19,9	4.500	54.000	895,50	10.746,00	1,1857	23,34	1,10
2009	19,9	4.550	54.600	905,45	10.865,40	1,1712	24,13	3,38
2010	19,9	4.650	55.800	925,35	11.104,20	1,1726	24,13	0,00
2011	19,9	4.800	57.600	955,20	11.462,40	1,1740	24,37	0,99
2012	19,6	4.800	57.600	940,80	11.289,60	1,1785	24,92	2,26
2013	18,9	4.900	58.800	926,10	11.113,20	1,1762	25,74	3,29
2014	18,9	5.000	60.000	945,00	11.340,00	1,1665	26,39	2,53
2015	18,7	5.200	62.400	972,40	11.668,80	1,1502	27,05	2,50
2016	18,7	5.400	64.800	1.009,80	12.117,60	1,1415	28,66	5,95
2017	18,7	5.700	68.400	1.065,90	12.790,80	1,1374	29,69	3,59
2018	18,6	5.800	69.600	1.078,80	12.945,60	1,1339	30,69	3,37
2019	18,6	6.150	73.800	1.143,90	13.726,80	1,0840	31,89	3,91
2020	18,6	6.450	77.400	1.199,70	14.396,40	1,0700	33,23	4,20
2021	18,6	6.700	80.400	1.246,20	14.954,40	1,0560	bis 30.06 33,23	

* ab 01.04.1999 19,5 %

Rente in den neuen Bundesländern

Die Rente richtet sich nach dem Verhältnis der individuellen Arbeitsentgelte aller Jahre zu den Durchschnittsentgelten (West) aller Versicherten. Zur Vermeidung von Nachteilen durch das niedrigere Lohnniveau in den neuen Bundesländern werden die Arbeitsentgelte des Versicherten durch Umrechnung auf das westliche Niveau angehoben. Für die Arbeitsentgelte (Ost) im Jahr 2021 beträgt der Umrechnungswert 1,0560. Die mit dem Umrechnungswert vervielfältigten Arbeitsentgelte ist die „Bemessungsgrundlage“, die durch das Durchschnittsentgelt West (S. 30) für dasselbe Kalenderjahr geteilt wird und den Entgeltpunkt eines Jahres ausdrückt. Die Summe der Entgeltpunkte (EP) multipliziert mit dem aktuellen Rentenwert (Ost) ergibt die Altersrente.

Beispiel: Arbeitsentgelt 2021: 40.000 Euro;
Bemessungsgrundlage 42.240 (40.000 x 1,056); EP 1,0168 (42.240 / 41.541).
Regelaltersrente 2021: EP 1,0168 x aktueller Rentenwert (Ost) 33,23 = 33,79 €.

Seit 2019 werden durch das Rentenüberleitungs-Abschlussgesetz die Umrechnungswerte für die Anhebung der Ost-Gehälter stufenweise bis 2024 gesenkt. Ab 1. Juli 2024 gibt es einen einheitlichen aktuellen Rentenwert. 2025 entfällt die Anhebung der Ost-Gehälter und in ganz Deutschland gelten die gleichen Sozialversicherungsgrößen, wie die Beitragsbemessungsgrenze und die Bezugsgröße. Damit ist die Renteneinheit Ost-West abgeschlossen.

Gesetzliche Rentenversicherung

Regelaltersrente am 1. Januar 2021 nach Beitragszahlung bis Ende 2020

		Mindestbeiträge		Regelbeiträge		Höchstbeiträge	
Beitrags-beginn Jahr	Vers.-Jahre	Aufwand in €	Alters-rente in €	Aufwand in €	Alters-rente in €	Aufwand in €	Alters-rente in €
1981	40	31.178,76	181,40	201.201,42	1.161,71	412.616,57	2.358,82
1982	39	30.724,73	176,68	198.581,56	1.134,52	407.622,27	2.306,97
1983	38	30.270,70	172,03	195.869,67	1.106,75	402.431,63	2.253,82
1984	37	29.792,13	167,34	192.996,21	1.078,55	396.858,55	2.199,13
1985	36	29.276,75	162,52	189.953,00	1.050,08	390.956,20	2.143,92
1986	35	28.732,22	157,70	186.718,57	1.021,43	384.662,71	2.088,19
1987	34	28.167,75	152,93	183.350,18	993,01	378.067,04	2.032,52
1988	33	27.591,01	148,08	179.975,65	964,62	371.526,59	1.977,50
1989	32	27.002,00	143,28	176.472,28	936,04	364.642,56	1.921,33
1990	31	26.400,72	138,51	172.864,60	907,46	357.641,95	1.865,89
1991	30	25.768,76	133,73	169.146,49	879,34	350.414,33	1.811,20
1992	29	25.152,14	129,14	165.469,79	851,96	343.252,66	1.757,92
1993	28	24.609,15	125,25	161.665,78	824,72	335.867,97	1.705,04
1994	27	24.040,08	121,25	157.682,30	796,68	328.137,24	1.650,63
1995	26	23.380,39	117,10	153.064,48	767,63	319.184,31	1.594,31
1996	25	22.718,49	112,93	148.431,19	738,45	310.282,92	1.538,26
1997	24	22.023,46	108,77	143.565,98	709,36	300.858,79	1.481,89
1998	23	21.263,70	104,51	138.247,67	679,54	290.645,63	1.424,62
1999	22	20.491,49	100,24	132.842,17	649,69	280.183,37	1.366,84
2000	21	19.730,01	95,96	127.511,83	619,67	269.909,47	1.308,99
2001	20	18.983,99	91,73	122.206,83	589,60	259.725,76	1.251,28
2002	19	18.245,70	87,58	116.956,80	560,07	249.530,40	1.193,90
2003	18	17.500,74	83,44	111.582,00	530,24	239.216,40	1.136,66
2004	17	16.608,60	78,65	106.012,80	500,28	227.282,40	1.072,49
2005	16	15.672,60	73,64	100.361,64	470,03	215.231,40	1.007,96
2006	15	14.736,60	68,65	94.710,48	439,92	203.063,40	943,12
2007	14	13.800,60	63,71	88.977,48	409,67	190.778,40	878,31
2008	13	12.845,40	58,84	83.126,88	379,88	178.241,40	814,48
2009	12	11.890,20	54,09	77.192,64	350,33	165.585,00	751,46
2010	11	10.935,00	49,32	71.174,88	320,25	152.689,80	687,01
2011	10	9.979,80	44,64	65.073,48	290,38	139.555,80	622,71
2012	9	9.024,60	40,11	58.972,08	261,40	126.421,80	560,31
2013	8	8.083,80	35,70	52.798,08	232,44	113.250,60	498,53
2014	7	7.063,20	30,82	46.685,76	203,28	100.096,20	435,79
2015	6	6.042,60	26,07	40.414,68	174,11	86.601,60	373,02
2016	5	5.032,80	21,44	34.052,88	144,92	73.025,40	310,72
2017	4	4.023,00	16,92	27.534,00	115,69	59.112,60	248,33
2018	3	3.013,20	12,50	20.858,04	86,47	44.863,20	185,97
2019	2	2.008,80	8,21	14.061,60	57,46	30.355,20	124,04
2020	1	1.004,40	4,04	7.108,92	28,60	15.400,80	61,96

Beispiel: Ein Versicherter, der seit 1981 ununterbrochen Regelbeiträge zahlte, hat bis Ende 2020 - 40 Jahre lang - insgesamt 201.201,42 Euro an Beiträgen aufgebracht. Aus der Beitragsleistung ergibt sich bei Erreichen der Regelaltersgrenze eine Altersrente nach Abzug des Kranken- und Pflegeversicherungsbeitrags (11,25 %) ab 1. Januar 2021 von 1.161,71 Euro.
Die Regelaltersgrenze zum Bezug der Altersrente ohne Kürzung haben Neurentner 2021 mit 65 Jahren und 10 Monaten erreicht.

Modellrechnungen zur Rentenentwicklung bis 2045

Die Bundesregierung hat mit ihrem Rentenversicherungsbericht 2020 die mögliche weitere Entwicklung des Beitragssatzes, der Jahresdurchschnittsentgelte und der aktuellen Rentenwerte für die nächsten 15 Jahre dargestellt. Das Bundesministerium für Arbeit und Soziales hat darüber hinaus bereits 2016 Berechnungen bis 2045 vorgenommen, um aufzuzeigen, wie sich das Verhältnis von Rente zum Einkommen verändern könnte. Der gegenwärtige Beitragssatz von 18,6 Prozent ist nur bis 2022 zu halten. Bis 2045 erhöht sich der Beitragssatz auf 23,6 Prozent. Das Bundesministerium zeichnet ein Szenario, wonach die Durchschnittsentgelte der Arbeitnehmer bis 2045 um 95,4 Prozent steigen, die Renten jedoch nur um 72,4 Prozent, sodass die Renten 2045 weniger vom Einkommen ersetzen als heute. Während ein Versicherter nach 45 Beitragsjahren mit Durchschnittsbeiträgen heute eine Regelaltersrente von 44,5 Prozent des Arbeitnehmerdurchschnittsgehalts erreicht, sinkt dieses Niveau bei Rentenbeginn 2045 auf 39,2 Prozent.

Entwicklung des Beitragssatzes, Durchschnittsentgelts und der Rente bis 2045

Jahr	Beitragssatz zur GRV in %	BBG jährlich in €	Jahresdurchschnittsentgelt in €	Steigerung gegenüber Vorjahr in %	aktueller Rentenwert in €	Bruttostandardrente* monatl. in €	Rentensteigerung gegenüber Vorjahr in %	Rente in % des mtl. Durchschnittsentgelts
2020	18,6	82.800	40.551	3,0	33,05	1.487	3,2	44,0
2021	18,6	85.200	41.541	2,4	34,19	1.539	3,5	44,5
2022	18,6	84.000	41.117	-1,0	34,19	1.539	0,0	44,9
2023	19,3	86.400	42.351	3,0	35,83	1.612	4,7	45,7
2024	19,9	88.800	43.622	3,0	36,96	1.663	3,2	45,7
2025	19,9	91.200	44.935	3,0	36,96	1.663	0,0	44,4
2026	19,9	94.200	46.283	3,0	37,76	1.699	2,2	44,1
2027	20,5	97.200	47.667	3,0	38,68	1.741	2,5	43,8
2028	20,9	100.200	49.102	3,0	39,59	1.782	2,4	43,6
2029	21,1	103.200	50.575	3,0	40,17	1.808	1,5	42,9
2030	21,5	106.200	52.087	3,0	40,89	1.840	1,8	42,4
2031	21,7	109.200	53.660	3,0	41,73	1.878	2,1	42,0
2032	22,0	112.200	55.275	3,0	42,44	1.910	1,7	41,5
2033	22,3	115.800	56.939	3,0	43,34	1.950	2,1	41,1
2034	22,4	119.400	58.647	3,0	44,22	1.990	2,1	40,7
2035	23,0	123.000	60.406	3,0	45,13	2.031	2,1	40,3
2036	23,0	126.600	62.218	3,0	46,24	2.081	2,5	40,1
2037	23,1	130.800	64.085	3,0	47,28	2.128	2,3	39,8
2038	23,2	134.400	66.008	3,0	48,58	2.186	2,7	39,7
2039	23,2	138.600	67.988	3,0	49,88	2.245	2,7	39,6
2040	23,3	142.800	70.028	3,0	51,24	2.306	2,7	39,5
2041	23,3	147.000	72.129	3,0	52,73	2.373	2,9	39,5
2042	23,4	151.200	74.293	3,0	54,20	2.439	2,8	39,4
2043	23,4	156.000	76.522	3,0	55,79	2.511	3,0	39,4
2044	23,5	160.800	78.818	3,0	57,33	2.580	2,7	39,3
2045	23,6	165.600	81.183	3,0	58,98	2.654	2,9	39,2

Quelle: Bundesministerium für Arbeit und Soziales und Rentenversicherungsbericht 2020 der Bundesregierung

*Altersrente zum 1. Januar eines Jahres nach 45 Beitragsjahren aus Durchschnittsverdiensten (Rente für 45 Entgeltpunkte) vor Abzug von Kranken- und Pflegeversicherungsbeiträgen in den alten Bundesländern.

Gesetzliche Rentenversicherung

Rentenerwartung für Arbeitnehmer **Alte Bundesländer**

Brutto-gehalt 2021	Alters-rente mit 63 J.	Alters-rente mit 65 J.	Alters-rente mit 67 J.	Volle EMR	Halbe EMR	Witw.-rente 55 %	Witw.-rente 60 %
1.300	361	409	458	438	219	241	263
1.400	386	437	490	470	235	258	282
1.500	411	466	522	497	248	273	298
1.600	437	494	554	524	262	288	314
1.800	487	551	618	579	289	318	347
2.000	537	608	682	633	317	348	380
2.200	587	665	746	688	344	379	413
2.400	637	722	810	744	372	409	446
2.600	687	779	875	799	399	439	479
2.800	737	836	938	854	427	470	512
3.000	787	892	1.003	909	455	500	546
3.200	837	949	1.067	965	482	531	579
3.400	887	1.006	1.131	1.021	510	561	612
3.600	937	1.063	1.195	1.077	538	592	646
3.800	987	1.120	1.259	1.133	566	623	680
4.000	1.031	1.170	1.316	1.180	590	649	708
4.200	1.074	1.219	1.371	1.226	613	674	736
4.400	1.116	1.268	1.427	1.271	636	699	763
4.600	1.158	1.316	1.481	1.316	658	724	789
4.800	1.199	1.363	1.535	1.360	680	748	816
5.000	1.240	1.410	1.588	1.403	701	772	842
5.200	1.280	1.456	1.640	1.445	723	795	867
5.400	1.319	1.501	1.692	1.487	744	818	892
5.600	1.358	1.546	1.743	1.528	764	841	917
5.800	1.396	1.590	1.794	1.569	784	863	941
6.000	1.439	1.640	1.850	1.615	807	888	969
6.200	1.486	1.693	1.910	1.665	833	916	999
6.400	1.533	1.747	1.971	1.716	858	944	1.030
6.600	1.581	1.801	2.032	1.770	885	973	1.062
6.800	1.629	1.856	2.094	1.823	912	1.003	1.094
7.000	1.677	1.911	2.155	1.877	939	1.032	1.126
7.100	1.701	1.938	2.186	1.904	952	1.047	1.142

Renten bei Gehältern bis zur BBG von 7.100 Euro (6.700 Euro neue Bundesländer, S. 35) und Versicherungspflicht bis zum Rentenbeginn. Für die Altersrenten wurden die Modellrechnungen zur Entwicklung der Löhne und Renten aus dem Rentenversicherungsbericht 2020 der Bundesregierung und die Berechnungen des BMAS für einen heute 40-Jährigen einbezogen. Vorzeitige Altersrenten sind mit Abschlägen von 7,2 % (AR 65) bzw. 14,4 % (AR 63) berechnet. Die Renten sind in heutigen Werten nach Abzug eines Kranken- und Pflegeversicherungsbeitrags von 11,25 Prozent (7,95 % Krankenversicherungsbeitrag und 3,3 % Pflegeversicherungsbeitrag für Kinderlose) angegeben.

Rentenerwartung für Arbeitnehmer **Neue Bundesländer**

Brutto-gehalt 2021	Alters-rente mit 63 J.	Alters-rente mit 65 J.	Alters-rente mit 67 J.	Volle EMR	Halbe EMR	Witw.-rente 55 %	Witw.-rente 60 %
1.300	369	417	467	444	222	244	266
1.400	395	446	500	477	239	263	286
1.500	421	476	533	505	253	278	303
1.600	446	505	565	533	267	293	320
1.700	472	534	598	561	281	309	337
1.800	497	563	631	589	295	324	353
1.900	523	592	664	617	309	340	370
2.000	549	621	696	645	323	355	387
2.200	600	679	762	702	351	386	421
2.400	651	737	827	759	379	417	455
2.600	702	796	893	815	408	448	489
2.800	754	854	958	872	436	480	523
3.000	805	912	1.023	929	465	511	557
3.200	856	970	1.089	987	493	543	592
3.400	907	1.028	1.154	1.044	522	574	626
3.600	959	1.086	1.220	1.101	551	606	661
3.800	1.003	1.137	1.278	1.150	575	632	690
4.000	1.047	1.188	1.334	1.197	598	658	718
4.200	1.090	1.237	1.390	1.243	622	684	746
4.400	1.132	1.286	1.445	1.289	644	709	773
4.600	1.174	1.333	1.500	1.334	667	733	800
4.800	1.215	1.381	1.554	1.378	689	758	827
5.000	1.255	1.427	1.606	1.421	710	782	853
5.200	1.295	1.473	1.659	1.464	732	805	878
5.400	1.334	1.518	1.710	1.505	753	828	903
5.600	1.374	1.564	1.762	1.548	774	851	929
5.800	1.422	1.618	1.824	1.600	800	880	960
6.000	1.470	1.673	1.885	1.652	826	909	991
6.200	1.519	1.729	1.948	1.706	853	938	1.024
6.400	1.568	1.784	2.011	1.761	881	969	1.057
6.600	1.617	1.840	2.074	1.816	908	999	1.090
6.700	1.641	1.868	2.105	1.844	922	1.014	1.106

Bei Rentenbeginn mit 63 Jahren ist der lebenslange Rentenabschlag von 14,4 Prozent, bei Rentenbeginn mit 65 Jahren von 7,2 Prozent einbezogen. Als Versicherungszeit sind für den Renteneintritt mit 63 Jahren höchstens 42 Versicherungsjahre, für den Renteneintritt mit 65 Jahren 44 Versicherungsjahre und für den Renteneintritt mit 67 Jahren 46 Versicherungsjahre zugrunde gelegt. Die große Witwen-/Witwerrente beträgt 55 Prozent der vollen Erwerbsminderungsrente (EMR), wenn die Ehe nach dem 31. Dezember 2001 geschlossen wurde oder beide Ehepartner nach dem 1. Januar 1962 geboren sind, ansonsten 60 Prozent. Die Altersrenten in den neuen Bundesländern sind nach den Vorgaben des Rentenüberleitungs-Abschlussgesetzes berechnet.

Gesetzliche Rentenversicherung

Anstieg der Verbraucherpreise jeweils gegenüber dem Vorjahr in Prozent

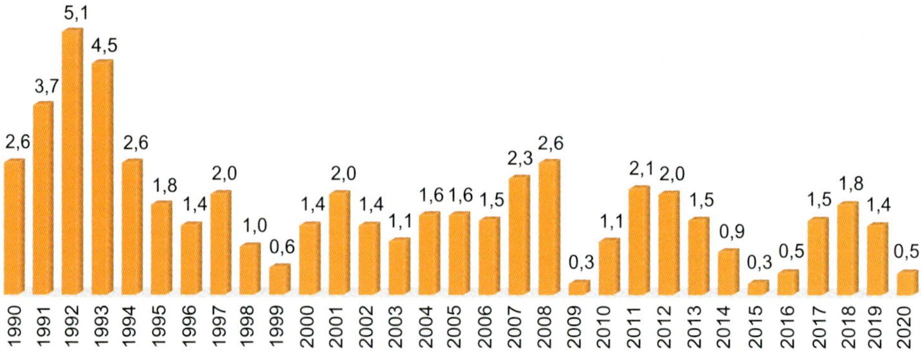

Quelle: Statistisches Bundesamt

Gesetzliche Rente und Inflation

In den letzten 30 Jahren lagen die Rentenanpassungen insgesamt unter der Steigerung der Gehälter und auch unter dem Anstieg der Verbraucherpreise. Zum Glück haben die Rentenanpassungen der letzten 10 Jahre die Inflation überholt, doch blieben sie deutlich unterhalb der Einkommensentwicklung.

Entwicklung der Bruttoarbeitsentgelte, Nettorenten und Verbraucherpreise

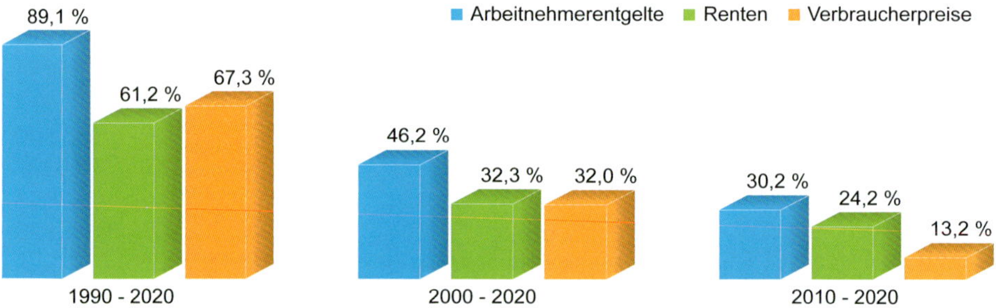

Quelle: Statistisches Bundesamt (Verbraucherpreise); Deutsche Rentenversicherung Bund

So informiert die Deutsche Rentenversicherung Bund ihre Versicherten: „Da die Renten im Vergleich zu den Löhnen künftig geringer steigen werden und sich somit die spätere Lücke zwischen Rente und Erwerbseinkommen vergrößert, wird eine zusätzliche Absicherung für das Alter wichtiger. Bei der ergänzenden Altersvorsorge sollten Sie - wie bei Ihrer zu erwartenden Rente - den Kaufkraftverlust beachten."

Auswirkungen der Inflation auf die Kaufkraft der gesetzlichen Rente

bei einer jährlichen Steigerung der Rente um 1,0 %, der Gehälter und Verbraucherpreise um 1,6 %.

Nach Jahren	Monatl. Rente	Kaufkraft der Rente	Gehalt	Kaufkraft des Gehalts	Rente in % des Gehalts	Versorgungslücke (heutige Kaufkraft)	Erhöhung der Lücke in %
0	1.000	1.000	2.500	2.500	40,0	1.500	-
10	1.105	942	2.930	2.500	37,7	1.558	3,9
20	1.220	888	3.434	2.500	35,5	1.612	7,5
30	1.348	837	4.025	2.500	33,5	1.663	10,9

Nach 30 Jahren erhöht sich bei einer angenommenen durchschnittlichen Inflationsrate von jährlich 1,6 % die Versorgungslücke nach heutiger Kaufkraft um 10,9 %.

Geringfügig Beschäftigte

Am 30. September 2020 waren 6,4 Millionen geringfügig Beschäftigte bei der Minijob-Zentrale der Deutschen Rentenversicherung Knappschaft-Bahn-See gemeldet. Von ihnen waren 6.154.368 im gewerblichen Bereich und 287.557 in Privathaushalten beschäftigt.

Rund eine Million über 65-Jährige arbeiteten im Jahr 2020 in einem Minijob, das ist ein Anteil von 15,4 Prozent an allen geringfügig entlohnten Beschäftigten. Seit 2013 beträgt die Grenze einer geringfügigen Beschäftigung 450 Euro im Monat. Bei einem Mindestlohn von 9,50 Euro je Stunde wird die Verdienstgrenze von 450-Euro mit einer Beschäftigung von 47 Stunden im Monat erreicht. Im Jahr 2020 lag der Vergleichswert bei knapp 48 Stunden.

Steuer- und sozialabgabenfreie geringfügige Beschäftigte

Eine geringfügige Beschäftigung bleibt steuer- und beitragsfrei in der gesetzlichen Kranken-, Pflege- und Arbeitslosenversicherung. Übt ein Arbeitnehmer mehrere geringfügige Beschäftigungen bei verschiedenen Arbeitgebern aus und hat er keine versicherungspflichtige Hauptbeschäftigung, bleiben die geringfügigen Beschäftigungen steuer- und beitragsfrei, sofern diese Arbeitsentgelte zusammen 450 Euro im Monat nicht übersteigen. Hat jedoch ein Arbeitnehmer eine versicherungspflichtige Hauptbeschäftigung, gilt die Steuer- und Abgabenbefreiung nur für die erste geringfügige Beschäftigung.

Geringfügig Beschäftigte

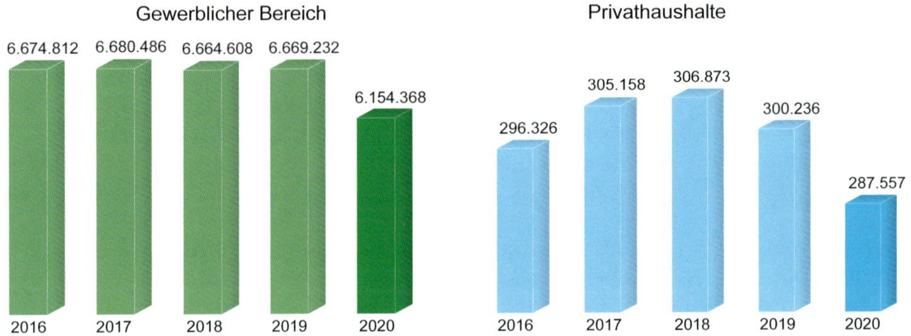

Quelle: Knappschaft Bahn See, Stand 30.09.2020

Für einen Minijobber im gewerblichen Bereich hat der Arbeitgeber 2021 insgesamt 31,51 Prozent des Arbeitsentgelts an die Knappschaft-Bahn-See zu zahlen.

Arbeitgeberbeiträge für geringfügig Beschäftigte	Gewerbl. Bereich	Privathaushalte
Gesetzliche Krankenversicherung	13,00 %	5,00 %
Gesetzliche Rentenversicherung	15,00 %	5,00 %
Umlage 1 Aufwendungen bei Krankheit (80 %)	1,00 %	1,00 %
Umlage 2 Schwangerschaft / Mutterschutz	0,39 %	0,39 %
Insolvenzgeldumlage	0,12 %	0,00 %
Einheitliche Pauschalsteuer	2,00 %	2,00 %
Gesetzliche Unfallversicherung		1,60 %
Gesamt	31,51 %	14,99 %

Gesetzliche Rentenversicherung

Versicherungspflicht und -befreiung für geringfügig Beschäftigte

2013 wurde die Rentenversicherungspflicht für geringfügig Beschäftigte eingeführt, die mit einer Befreiungsmöglichkeit gekoppelt ist. Arbeitnehmer sind in einer neu aufgenommenen geringfügigen Beschäftigung automatisch in der gesetzlichen Rentenversicherung versicherungspflichtig. Sie müssen den Unterschied zwischen dem Beitragssatz zur gesetzlichen Rentenversicherung 2021 von 18,6 Prozent und dem Arbeitgeberanteil von 15 Prozent, also 3,6 Prozent, alleine tragen. Dabei ist ein Mindestbeitrag festgelegt. Er ergibt sich aus der Berechnungsgrundlage von 175 Euro, sodass der geringfügig beschäftigte Arbeitnehmer mindestens 6,30 Euro (3,6 % aus 175 Euro) und höchstens 16,20 Euro bei einem Arbeitsentgelt von 450 Euro im Monat für die Rentenversicherung aufwendet.

Für die in Privathaushalten geringfügig Beschäftigten beträgt der Rentenversicherungsbeitrag 13,6 Prozent des Arbeitsentgelts. Dieser Rentenversicherungsbeitrag ergibt sich aus der Differenz zwischen dem Pauschalbeitrag des Arbeitgebers von 5 Prozent (S. 37) und dem vollen Rentenversicherungsbeitrag von 18,6 Prozent.

Befreiung von der Rentenversicherungspflicht
Von der Versicherungspflicht kann sich der geringfügig Beschäftigte zu Beginn des Arbeitsverhältnisses durch einen Antrag ohne Angabe von Gründen befreien lassen. Diesen Befreiungsantrag erhält der geringfügig Beschäftigte von seinem Arbeitgeber. Als Vorteile der Rentenversicherungspflicht führt der Rentenversicherungsträger den höheren Altersrentenanspruch, den Anspruch auf die Erwerbsminderungsrente und Reha-Leistungen sowie die Zulagenförderung für die Riester-Rente an.

Ohne eigene Beitragsleistung des geringfügig Beschäftigten zur gesetzlichen Rentenversicherung erreicht der Versicherte mit einem Monatsgehalt von 450 Euro durch die Zahlung von Rentenbeiträgen des Arbeitgebers eine Altersrentenanwartschaft von 0,30 Euro im Monat. Die zusätzliche Beitragszahlung des Minijobbers von 16,20 Euro im Monat (3,6 % von 450 Euro) verbessert seine Altersrentenanwartschaft um zusätzlich 7 Cent.

Über 80 Prozent sind von der Rentenversicherungspflicht befreit
Von den knapp 6,2 Millionen geringfügig Beschäftigten im gewerblichen Bereich haben sich 80 Prozent von der Versicherungspflicht befreien lassen, 20 Prozent stocken den gesetzlichen Rentenversicherungsbeitrag durch die Versicherungspflicht auf. In Privathaushalten sind von den rund 288.000 geringfügig Beschäftigten 86,8 Prozent rentenversicherungsfrei und 13,2 Prozent rentenversicherungspflichtig.

Wer sich als geringfügig Beschäftigter von der Rentenversicherungspflicht befreien lässt, verzichtet auf das etwas mehr an Rente, aber auch auf den Anspruch auf eine Rente bei vorzeitiger krankheits- und unfallbedingter Erwerbsminderung. Die private Riester-Altersvorsorge mit der staatlichen Zulagenförderung von 175 Euro im Jahr kann der von der Rentenversicherungspflicht befreite Minijobber nur in Anspruch nehmen, wenn der Ehepartner einen eigenen Riester-Vertrag besitzt und für den geringfügig Beschäftigten zusätzlich 5 Euro im Monat (60 Euro im Jahr) in einen weiteren Riester-Vertrag fließen. Hat der geringfügig Beschäftigte ohnehin eine rentenversicherungspflichtige Hauptbeschäftigung, ist er aus der Hauptbeschäftigung zulagenberechtigt. Es bedarf dann nicht der Rentenversicherungspflicht im Minijob, um „riestern“ zu können.

Versicherungsfreiheit für kurzfristig Beschäftigte

Kurzfristig Beschäftigte sind in der Kranken-, Pflege-, Renten- und Arbeitslosenversicherung versicherungsfrei, wenn die Beschäftigung von vornherein auf drei Monate oder 70 Tage im Kalenderjahr begrenzt ist. Diese Grenze von drei Monaten oder 70 Tagen galt seit 2015 für eine Übergangszeit von vier Jahren, genau bis 31. Dezember 2018. Danach sollte die übliche Zeitgrenze von zwei Monaten bzw. 50 Arbeitstagen wieder gelten. Mit dem Qualifizierungschancengesetz wurde festgelegt, dass die Zeitgrenze von drei Monaten oder 70 Arbeitstagen weiter bestehen bleibt. Dies kommt insbesondere Saisonarbeitern, wie Aushilfen in der Landwirtschaft und Gastronomie, zugute.

Eine kurzfristige Beschäftigung darf nicht berufsmäßig ausgeübt werden, falls das Entgelt über 450 Euro im Monat liegt. Als nicht berufsmäßig wird eine Beschäftigung von Altersrentnern angesehen oder Beschäftigungen zwischen Abitur und Studium.

Sozialversicherungsbeiträge für Arbeitsentgelte im Übergangsbereich

Am 1. Juli 2019 wurde die bisherige Gleitzone von über 450 Euro bis 850 Euro mit der neuen Bezeichnung „Übergangsbereich“ auf 1.300 Euro ausgedehnt. Berechnet werden die Sozialversicherungsbeiträge aus einem „Beitragsbemessungsbetrag“, der sich im Jahr 2021 aus dem Arbeitsentgelt wie folgt ergibt:

Beitragsbemessungsbetrag = (Arbeitsentgelt x 1,13187647) - 171,439412

Aus dem geringeren Beitragsbemessungsbetrag sind die Gesamtbeiträge zur Sozialversicherung zu ermitteln, wobei der Arbeitgeber jedoch seinen Beitragsanteil aus dem vollen Arbeitsentgelt des Beschäftigten trägt, während der Arbeitnehmer den Unterschied zwischen dem Gesamtbeitrag und dem Arbeitgeberanteil zu zahlen hat.

Bei einem Gehalt von 500 Euro beträgt der Beitragsbemessungsbetrag 394,50 Euro. Aus dem Beitragsbemessungsbetrag sind die gesamten Sozialversicherungsbeiträge zu berechnen. Die Differenz zwischen dem gesamten Sozialversicherungsbeitrag von 157,60 Euro und dem Arbeitgeberbeitrag von 99,88 Euro ergibt den Arbeitnehmeranteil von 57,52 Euro. Durch diese Regelung spart der Arbeitnehmer 42,16 Euro.

Für die Berechnung der Rente werden die vollen Arbeitsentgelte im Übergangsbereich seit Juli 2019 herangezogen.

Arbeitgeber- und Arbeitnehmeranteile zur Sozialversicherung 2021

Arbeitsentgelt in €	Beitragsbemessungsbetrag	Sozialvers.-beiträge gesamt*	Arbeitgeberbeiträge	Arbeitnehmeranteile					Arbeitnehmer spart
				RV	AV	KV	PV	gesamt	
500	394,50	157,60	99,88	26,88	3,46	22,97	4,41	57,72	42,16
600	507,69	202,82	119,85	38,64	4,98	33,02	6,33	82,97	36,88
800	734,06	293,26	159,80	62,14	8,02	53,12	10,18	133,46	26,34
1.000	960,44	383,70	199,75	85,64	11,06	73,20	14,05	183,95	15,80
1.200	1.186,81	474,12	239,70	109,14	14,08	93,30	17,90	234,42	5,28

*Die Sozialversicherungsbeiträge gesamt werden aus dem Beitragsbemessungsbetrag berechnet: RV= Rentenversicherung 18,6 %, AV= Arbeitslosenvers. 2,4 %, KV= Krankenvers. 14,6 % + Zusatzbeitrag der KK (durchschnittlich 1,3 %), PV= Pflegeversicherung 3,05 % (für Kinderlose zusätzlich 0,25 %).

Gesetzliche Rentenversicherung

Künstlersozialversicherung

Seit 1983 sind selbstständige Künstler und Publizisten durch die Künstlersozialversicherung abgesichert. 191.000 Künstler aus den Bereichen der bildenden und darstellenden Kunst, der Musik und Publizistik sind sozial in der Renten-, Kranken- und Pflegeversicherung versichert.

Anzahl versicherter Künstler unterteilt nach Kunstbereichen

Jahr	Bildende Kunst	Darstellende Kunst	Musik	Publizistik	Gesamt
2000	43.548	12.262	29.464	26.935	112.209
2005	53.996	17.464	39.628	37.215	148.303
2010	59.507	21.417	46.129	41.830	168.883
2019	65.964	29.292	54.032	41.220	190.508

Obwohl Künstler selbstständig sind, müssen sie nur die Hälfte der Beiträge zu der Pflichtversicherung selber tragen und zwar 9,3 Prozent aus ihrem Arbeitseinkommen für die Rentenversicherung, 7,3 Prozent für die Krankenversicherung (plus den individuellen halben Zusatzbeitrag der Krankenkasse, der durchschnittlich 0,65 % beträgt) sowie 1,525 Prozent (Kinderlose 1,775 %) für die soziale Pflegeversicherung. Die andere Beitragshälfte wird durch einen Bundeszuschuss und eine Abgabe der Unternehmen finanziert, die künstlerische Leistungen verwerten.

Versicherungsfrei in der Rentenversicherung sind selbstständige Künstler und Publizisten, wenn ihr Arbeitseinkommen aus dieser Tätigkeit die Geringfügigkeitsgrenze von 3.900 Euro im Kalenderjahr oder 1/6 ihres Gesamteinkommens nicht übersteigt. Dies gilt nicht für Berufsanfänger in den ersten drei Jahren. Versicherungsfreiheit liegt auch dann vor, wenn eine andere Tätigkeit mit über der Hälfte der Beitragsbemessungsgrenze liegenden Einkünften (2021: 42.600 Euro, neue Bundesländer 40.200 Euro) ausgeübt wird.

Zur Finanzierung der erforderlichen Mittel werden die Unternehmen zu einer Künstlersozialabgabe herangezogen:

Verlage, Presseagenturen, Bilderdienste, Theater, Orchester, Chöre, Veranstalter jeder Art, Künstleragenturen, Künstlermanager, Hersteller von Bild- und Tonträgern, Galerien, Kunsthändler, Werbeagenturen, PR-Agenturen, Design-Unternehmen, Museen.

2021 bleibt die Künstlersozialabgabe bei 4,2 Prozent. Bemessungsgrundlage der Abgabe sind alle in einem Kalenderjahr an Künstler und Publizisten gezahlten Entgelte des Unternehmens.

Künstlersozialabgabe

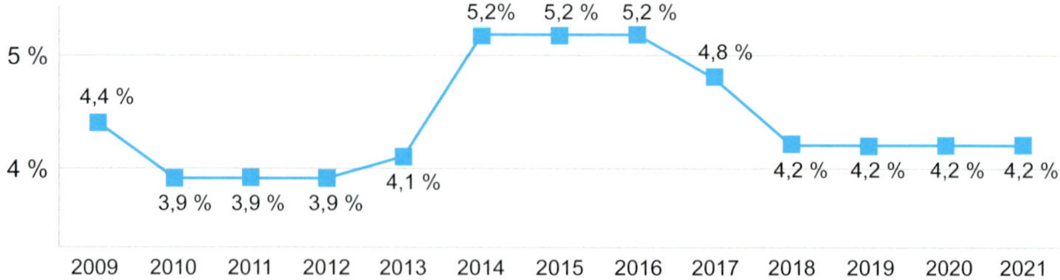

Quelle: Bundesministerium für Arbeit und Soziales

Rentenaufteilung nach der Scheidung

Im Jahr 2019 wurden 149.010 Ehen geschieden. Die durchschnittliche Ehedauer betrug 14 Jahre und 8 Monate. Mit der Scheidung werden die während der Ehe erworbenen Versorgungsansprüche unter den Ehegatten geteilt. Jeder Ehegatte erhält einen eigenen Anspruch gegen den Versorgungsträger des jeweils verpflichteten Ehegatten.

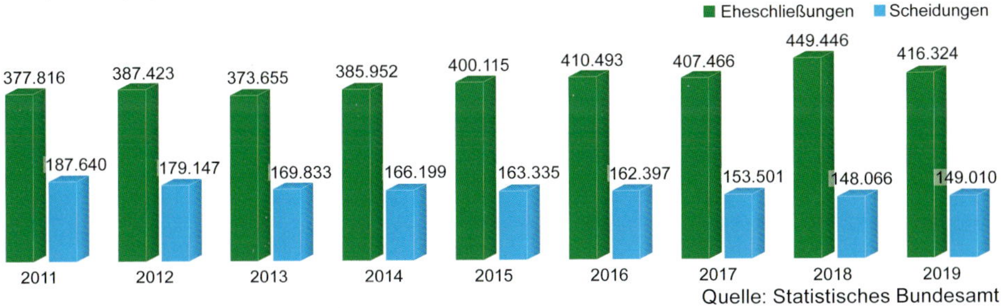

Quelle: Statistisches Bundesamt

Beispiel: Der Ehemann hat in der Ehezeit eine Rentenanwartschaft (GRV) von 20 Entgeltpunkten (EP) = Rente 683,80 Euro erworben, die Ehefrau keine.
Anspruch der Ehefrau durch den Versorgungsausgleich: Eine Rentenanwartschaft (GRV) von 10 Entgeltpunkten (EP) = Rente 341,90 Euro Die Anwartschaft des Ehemannes wird entsprechend gekürzt.

Bei einer Ehezeit bis zu drei Jahren ist der Versorgungsausgleich ausgeschlossen, es sei denn, ein Ehegatte beantragt die Durchführung. Bei gleichartigen und ähnlich hohen Anrechten der Ehegatten sieht das Familiengericht vom Versorgungsausgleich ab.

Kosten für den Ausgleich einer gekürzten Rentenanwartschaft

Ein Ausgleichspflichtiger kann seine durch Teilung gekürzte Rentenanwartschaft in der gesetzlichen Rentenversicherung (GRV) nach der Verordnung der „Umrechnungsfaktoren für den Versorgungsausgleich in der Rentenversicherung" ausgleichen. Für den Ausgleich von 10 EP (monatliche Rente 341,90 Euro) muss der Ausgleichspflichtige im Jahr 2021 in die gesetzliche Rentenversicherung 77.266,26 Euro einzahlen (10 x 7.726,6260).

Umrechnungsfaktoren Versorgungsausgleich	GRV	Knappschaftl. RV
a) Von Entgeltpunkten in Beiträge 1 EP = Von Entgeltpunkten (Ost) in Beiträge 1 EP =	7.726,6260 € 7.316,8807 €	10.260,6270 € 9.716,5028 €
b) Von Beiträgen, Barwerten, Deckungskapitalien und vergleichbaren Deckungsrücklagen in EP 1 € = Von Beiträgen in Entgeltpunkte (Ost) 1 € =	0,0001294226 EP 0,0001366703 EP	0,0000974599 EP 0,0001029177 EP

Mindestunterhalt für minderjährige Kinder

2019 waren 122.010 minderjährige Kinder von der Scheidung ihrer Eltern betroffen (2018: 121 343). Nach der Scheidung hat das Kind einen Unterhaltsanspruch, der sich nach dem Nettoeinkommen des Unterhaltspflichtigen und dem Alter des Kindes richtet. Der Mindestunterhalt gilt für Unterhaltspflichtige mit einem Nettoeinkommen bis 1.900 Euro. Für ein Kind im Alter bis zu 5 Jahren beträgt der Unterhalt mindestens 393 Euro, bis zu 11 Jahren 451 Euro, bis zu 17 Jahren 528 Euro.

Alterssicherung der Landwirte

Versicherungspflicht

Versicherungspflichtig sind Landwirte (auch der Ehegatte) und mitarbeitende Familienangehörige. Mitarbeitende Familienangehörige sind Verwandte bis zum 3. Grade, Verschwägerte bis zum 2. Grade und Pflegekinder.

Versicherungsfreiheit

Versicherungsfrei sind Landwirte und mitarbeitende Familienangehörige, die das 18. Lebensjahr noch nicht oder das 65. Lebensjahr bereits vollendet haben. Selbstständig tätige Landwirte in den neuen Bundesländern, die am 31.12.1994 als Landwirte in der gesetzlichen Rentenversicherung versicherungspflichtig waren, sind in der Alterssicherung der Landwirte versicherungsfrei, solange sie in der allgemeinen Rentenversicherung versicherungspflichtig sind. Ehegatten von Landwirten, die in der Zeit vom 01.01.1995 bis zum 31.12.1999 eine landwirtschaftliche Tätigkeit aufnahmen, konnten sich auf Antrag bis zum 31.12.1999 von der Versicherungspflicht befreien lassen.

Beiträge

2021 beträgt der monatliche Beitrag 258 Euro, für Landwirte in den neuen Bundesländern 245 Euro. Versicherungspflichtige Landwirte erhalten einen Zuschuss zu ihrem Beitrag und zum Beitrag für mitarbeitende Angehörige, wenn ihr Jahreseinkommen 15.500 Euro bzw. das gesamte Einkommen von Ehegatten 31.000 Euro nicht übersteigt. Das Einkommen beider wird jedem zur Hälfte angerechnet. Für mitarbeitende Familienangehörige betragen der Beitrag und der Zuschuss die Hälfte. Ab 1. April 2021 wird die Einkommensgrenze auf 60 Prozent der Bezugsgröße von 39.480 Euro (37.380 Euro in Ost), dies sind 23.688 Euro (22.428 Euro in Ost), erhöht und jährlich angepasst.

Bis März 2021 beträgt der Zuschuss bis zu einem Jahreseinkommen von 8.220 Euro (16.440 Euro Verheiratete) 60 Prozent des Beitrags. Je angefangene 520 Euro, um die das Einkommen von 8.220 Euro überschritten wird, sinkt der Zuschuss um 4 Prozent des Beitrags. Ab 1. April 2021 beträgt der Beitragszuschuss 60 Prozent des Beitrags bis zu einem Einkommen von 30 Prozent der Bezugsgröße 11.844 Euro (11.214 Euro Ost).

Einkommen bis	Beitragszuschuss (€) bis 31. März 2021		Einkommen 2021 (Auswahl)	Beitragszuschuss (€) ab 1. April 2021	
	Alte BL	Neue BL		Alte BL	Neue BL
8.220	155	147	11.214	155	147
8.740	144	137	11.844	155	139
9.260	134	127	12.000	153	137
9.780	124	118	13.000	140	124
10.300	114	108	14.000	127	110
10.820	103	98	15.000	114	97
11.340	93	88	16.000	100	84
11.860	83	78	17.000	87	71
12.380	72	69	18.000	74	58
12.900	62	59	19.000	61	45
13.420	52	49	20.000	48	32
13.940	41	39	21.000	35	19
14.460	31	29	22.000	22	6
14.980	21	20	23.000	9	-
15.500	10	10	23.500	2	-

Berechnung des Zuschusses ab 1.04.2021: Monatsbeitrag x (1,2- 2 x Jahreseinkommen / Bezugsgröße)

Regelaltersrente
Ein Landwirt und mitarbeitende Familienangehörige erhalten die ungekürzte Altersrente, wenn sie das für die Regelaltersrente bestimmte Alter erreicht und die Wartezeit von 15 Jahren erfüllt haben. Bis 2029 wird die Regelaltersrente schrittweise vom vollendeten 65. auf das vollendete 67. Lebensjahr angehoben.

Die Regelung, wonach die Abgabe der Landwirtschaft Voraussetzung für einen Rentenanspruch war, wurde durch das Bundesverfassungsgericht am 23. Mai 2018 für verfassungswidrig erklärt und deshalb mit dem Qualifizierungschancengesetz gestrichen.

Rente wegen Erwerbsminderung
Landwirte und mitarbeitende Familienangehörige haben Anspruch auf eine Rente wegen teilweiser Erwerbsminderung, wenn sie teilweise erwerbsgemindert im Sinne der gesetzlichen Rentenversicherung sind, die Wartezeit von 5 Jahren erfüllt haben und in den letzten 5 Jahren vor Eintritt der Erwerbsminderung mindestens 3 Jahre Pflichtbeiträge zur LAK gezahlt haben. Bei voller Einschränkung der Erwerbsfähigkeit besteht Anspruch auf die Rente wegen voller Erwerbsminderung.

Witwenrente, Witwerrente und Waisenrente
Witwen oder Witwer haben nach dem Tod des Versicherten Anspruch auf die Witwen- oder Witwerrente, wenn die Wartezeit von 5 Jahren erfüllt wurde, der überlebende Ehegatte ein Kind unter 18 Jahren erzieht oder voll erwerbsgemindert ist. Kinder haben nach dem Tod eines Elternteils Anspruch auf Waisenrente.

Höhe der Rente
Der Monatsbetrag der Rente berechnet sich aus drei Faktoren:

Steigerungszahl x Rentenartfaktor x allgemeiner Rentenwert

Die Steigerungszahl ergibt sich aus den Kalendermonaten an Beitragszeit zur LAK, die mit dem Faktor 0,0833 zu vervielfältigen sind, wenn der Versicherte Landwirt ist. Für mitarbeitende Familienangehörige beträgt der Faktor 0,0417. Der Rentenartfaktor beträgt für Altersrenten und volle Erwerbsminderungsrenten 1, bei teilweiser Erwerbsminderung 0,5, Witwen- und Witwerrenten 0,6 oder 0,55, wenn die Ehe nach dem 31. Dezember 2001 geschlossen wurde oder beide Ehepartner nach dem 1. Januar 1962 geboren sind, Waisenrenten 0,2. Der allgemeine Rentenwert wurde zum 1. Juli 2020 in West um 3,45 Prozent auf 15,79 Euro erhöht und in Ost um 4,20 Prozent auf 15,32 Euro.

Regelaltersrente für Landwirte und mitarbeitende Familienangehörige

Beitragsjahre	Altersrente für Landwirte		Mitarbeitende Familienangehörige	
	Alte BL	Neue BL	Alte BL	Neue BL
15	236,76	229,71	118,52	114,99
20	315,67	306,28	158,03	153,32
25	394,59	382,85	197,53	191,65
30	473,51	459,42	237,04	229,98
35	552,43	535,99	276,55	268,31
40	631,35	612,55	316,05	306,65

Bei Eintritt der Erwerbsminderung vor dem Alter von 65 Jahren und 10 Monaten wird die Zeit zu diesem Alter voll wie Beitragszeit angerechnet (Zurechnungszeit).

Gesetzliche Krankenversicherung

Rechengrößen 2021 in der Kranken- und Pflegeversicherung

Beitragsbemessungsgrenzen Kranken- und Pflegeversicherung jährl./mtl. Versicherungspflichtgrenze: Allg. Jahres- / Monatsentgeltgrenze Besondere Jahres-/ Monatsentgeltgrenze	58.050 € / 4.837,50 € 64.350 € / 5.362,50 € 58.050 € / 4.837,50 €
Allgemeiner Beitragssatz der GKV + halber individueller Zusatzbeitrag (durchschnittlich 1,3 %) Höchstbeitrag (ohne Zusatzbeitrag) Vom allgemeinen Beitragssatz tragen - Arbeitnehmer / Arbeitgeber bzw. Rentner / Rentenversicherungsträger - Freiwillig versicherte Rentner aus Renten, Versorgungsbezügen (Pensionen oder Betriebsrenten) und Einnahmen aus nebenberuflicher selbstständiger Tätigkeit	14,6 % 706,28 € 7,3 % / 7,3 % 14,6 %
Ermäßigter Beitragssatz der GKV - Beschäftigte Rentner / Arbeitgeber Vom ermäßigten Beitragssatz tragen Rentner / Arbeitgeber Mindestbeitrag / Höchstbeitrag (ohne Krankengeldanspruch) + voller Zusatzbeitrag der Krankenkasse des Mitglieds (S.117 / 118) für - Hauptberuflich Selbstständige - Freiwillig versicherte Beamte - Freiwillig Versicherte aus Einnahmen aus Vermietung und Verpachtung - Freiwillig Versicherte aus Erträgen aus Kapitalvermögen	14,0 % 7,0 % / 7,0 % 153,53 € / 677,25 €
Beitragssatz zur sozialen Pflegeversicherung Arbeitnehmeranteil / Arbeitnehmeranteil in Sachsen - Arbeitnehmeranteil für Kinderlose ab Alter 23 zusätzlich[1]	3,05 % 1,525 % / 2,025 % 0,25 %
Monatlicher Höchstzuschuss des Arbeitgebers[2] - zur privaten KV 7,3 % + 0,65 % Zusatzbeitrag - zur Pflegeversicherung 1,525 % - zur Pflegeversicherung in Sachsen 1,025 %	 384,58 € 73,77 € 49,58 €
Studentenbeitrag[3] - Krankenversicherung (ohne vollen Zusatzbeitrag der GKV) - Pflegeversicherung bis Vollendung des 23. Lebensjahres - Pflegeversicherung ab Voll. des 23. Lebensjahres, kinderlos	 76,85 € 22,94 € 24,82 €
Mindestbeitragsbemessungsgrundlage Selbstständige[4] - Hauptberuflich Selbstständige (mit Anspruch auf Krankengeld) Mindestbeitrag / Höchstbeitrag + voller Zusatzbeitrag der Krankenkasse des Mitglieds	1.096,67 € 14,6 % 160,11 / 706,28 €
Geringverdienergrenze für Auszubildende und Praktikanten (Arbeitgeber übernimmt die Sozialversicherungsbeiträge)	325,00 €
Tägliches Höchstkrankengeld (brutto) / Mutterschaftsgeld	112,88 € / 13,00 €

Familienangehörige mit einem monatlichen Arbeitsentgelt aus einer geringfügigen Beschäftigung bis zu 450 € oder anderweitigem Einkommen bis zu 455 € sind kostenfrei mitversichert.

[1] Ausgenommen vom Zuschlag von 0,25 % sind Bezieher von Arbeitslosengeld II.

[2] Der Höchstzuschuss des Arbeitgebers zur Kranken- und Pflegeversicherung ist auf die Hälfte des Betrags, den der Arbeitnehmer für seine KV- und PV tatsächlich zu zahlen hat, begrenzt.

[3] Der Studentenbeitrag orientiert sich am BAföG-Bedarfssatz für Studenten, die nicht bei ihren Eltern wohnen (752 € seit 01.10.2020). Der Beitragssatz beträgt 10,22 % (7/10 des allgemeinen Beitragssatzes) + Zusatzbeitrag.

[4] Die Mindestbemessungsgrundlage für versicherte Selbstständige beträgt 1/3 der Bezugsgröße.

Mitglieder der Krankenkassen

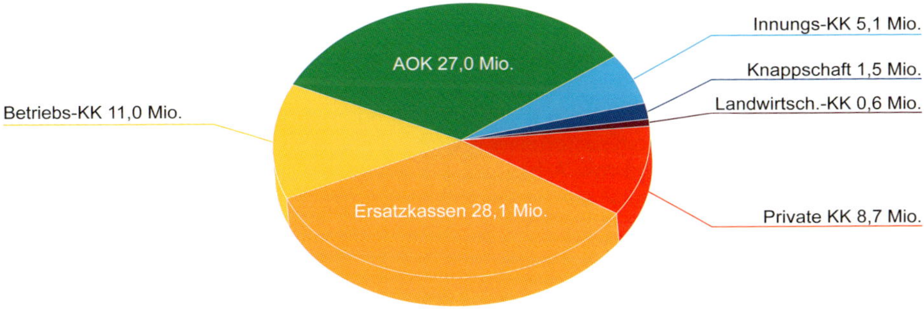

Quelle: Bundesministerium für Gesundheit; Stand Dezember 2020

Gesetzliche Krankenkassen durch Fusionen weiter geschrumpft

Im Jahr 1970 gab es 1.815 Krankenkassen. Im Laufe der Jahre schrumpfte die Zahl auf nunmehr 103 gesetzliche Krankenkassen. Von diesen sind:

6 Ersatzkassen (Barmer, DAK, HEK, hkk, KKH und Techniker),
11 AOK´s,
78 Betriebskrankenkassen,
6 Innungskrankenkassen,
1 Knappschaft und
1 Landwirtschaftliche Kasse.

Insgesamt betreuen die gesetzlichen Krankenkassen 73,3 Mio. Mitglieder (inklusive Familienangehörige).

Private Krankenkassen

42 private Krankenkassen haben 8,73 Millionen vollversicherte Mitglieder;
Beitragseinnahmen 40,96 Mrd. Euro;
Ausgezahlte Versicherungsleistungen 29,82 Mrd. Euro (2019)

Finanzentwicklung der gesetzlichen Krankenkassen

	2015	2016	2017	2018	2019
Einnahmen	212,6 Mrd. €	224,3 Mrd. €	233,9 Mrd. €	241,4 Mrd. €	250,4 Mrd. €
Ausgaben	213,7 Mrd. €	222,7 Mrd. €	230,4 Mrd. €	339,3 Mrd. €	251,9 Mrd. €
Saldo	- 1,1 Mrd. €	+ 1,6 Mrd. €	+ 3,5 Mrd. €	+ 2,1 Mrd. €	- 1,5 Mrd. €

Quelle: Bundesministerium für Gesundheit, Finanzergebnisse der GKV; Stand März 2020

„Das solidarische Gesundheitswesen der Bundesrepublik Deutschland ist mitten in seiner größten Prüfung. Das Defizit von 1,7 Mrd. Euro bis Ende September 2020 ist darauf zurückzuführen, dass die Kassen ihre Reserven abbauen mussten und dazu ihren Zusatzbeitragssatz nicht erhöht haben," so die Vorstandsvorsitzende des GKV-Spitzenverbandes, Frau Dr. Doris Pfeiffer. Für das Jahr 2021 sieht Frau Dr. Pfeiffer die Finanzierung der gesetzlichen Krankenkassen insgesamt gesichert. Allerdings kritisiert sie, dass der größte Teil des 2021 zu erwartenden Defizits von 16 Mrd. Euro „trotz der Sozialgarantie von den Beitragszahlern finanziert werden muss, etwa 3 Mrd. Euro durch Beitragserhöhungen, 8 Mrd. Euro aus den Rücklagen einzelner Kassen und 5 Mrd. Euro durch einen einmalig höheren Bundeszuschuss."

Gesetzliche Krankenversicherung

Krankenkassenreform

2015 wurde der allgemeine Krankenversicherungsbeitragssatz auf 14,6 Prozent festgeschrieben, den sich Arbeitgeber und Arbeitnehmer paritätisch teilen. Die Krankenkassen können von ihren Mitgliedern einen Zusatzbeitrag verlangen, wenn sie mit ihren Beiträgen und Zuweisungen aus dem Gesundheitsfonds nicht auskommen. Seit 2015 erheben die gesetzlichen Krankenkassen einen krankenkassenindividuellen Zusatzbeitrag, der bis Ende 2018 vom Mitglied allein zu tragen war. Seit 1. Januar 2019 wird auch der Zusatzbeitrag (S. 117/118) je zur Hälfte vom Arbeitgeber und dem Beschäftigten beziehungsweise vom Rentenversicherungsträger und dem Rentner getragen. Den durchschnittlichen Zusatzbeitragssatz legt das Bundesgesundheitsministerium bis zum 1. November jeweils für das Folgejahr fest. Er gilt für Geringverdiener, Auszubildende mit einem Arbeitsentgelt bis 325 Euro und für Bezieher von Arbeitslosengeld II. Der durchschnittliche Zusatzbeitrag wurde für 2021 von 1,1 Prozent auf 1,3 Prozent angehoben.

Pflegepersonaluntergrenzen-Verordnung

Für eine gute Behandlung ist eine gute Pflegepersonalausstattung notwendig. Mit der Pflegepersonaluntergrenzen-Verordnung vom 28. Oktober 2019 werden die Untergrenzen für die maximale Anzahl von Patienten pro Pflegekraft für acht verschiedene Pflegebereiche in Krankenhäusern festgelegt. Dazu gehören die Intensivmedizin, Geriatrie, Kardiologie, Unfallchirurgie, Herzchirurgie, Neurologie, Neurologie Schlaganfalleinheit und Neurologische Frührehabilitation. Beispielsweise sind für die Intensivmedizin in der Tagschicht maximal 2,5 Patienten pro Pflegekraft und in der Nachtschicht 3,5 Patienten pro Pflegekraft die konkreten Untergrenzen.

Gesetz für eine bessere Versorgung durch Digitalisierung und Innovation

Zur Verbesserung der Versorgung der Versicherten soll die Digitalisierung beitragen, angesichts einer alternden Gesellschaft, der Zunahme chronisch Kranker, dem Fachkräftemangel sowie der Unterversorgung in strukturschwachen Regionen. Ein Anspruch der Versicherten auf digitale Gesundheitsanwendungen wird geschaffen, z. B. durch Apps, die Patienten dabei unterstützen, ihre Arzneimittel regelmäßig einzunehmen oder die Blutzuckerwerte zu dokumentieren. Solche Apps können vom Arzt verschrieben werden. Die Kosten trägt die Krankenkasse. Der Hersteller der App muss beim Bundesinstitut für Arzneimittel und Medizinprodukte (BfArM) nachweisen, dass seine App die Versorgung der Patienten verbessert.

Patienten sollen die elektronische Patientenakte bald flächendeckend nutzen können. Apotheken sind seit Ende September 2020 und Krankenhäuser seit 1. Januar 2021 verpflichtet, sich an die Telematik-Infrastruktur anschließen zu lassen. Hebammen und Physiotherapeuten sowie Pflege- und Rehabilitationseinrichtungen können sich freiwillig anschließen lassen. Ärzte dürfen auf ihrer Internetseite über Videosprechstunden informieren und können Arbeitsunfähigkeitsbescheinigungen und Rezepte auf elektronischem Weg ausstellen.

Schnellere Termine und mehr Sprechstunden

Seit Mai 2019 hat sich mit dem Terminservice- und Versorgungsgesetz (TSVG) das Mindestsprechstundenangebot der Vertragsärzte für gesetzlich Versicherte von 20 auf 25 Sprechstunden pro Woche erhöht. Die Servicestellen unter der Telefonnummer 116 117 sind täglich 24 Stunden und online erreichbar. Es gibt Hilfen bei der Niederlassung von Ärzten in ländlichen Regionen. Vergütungsanreize für Hausbesuche wurden geschaffen.

Beitragspflichtige Einnahmen des Versicherten in der GKV

Für die Beitragsbemessung eines versicherungspflichtigen Versicherten in der gesetzlichen Krankenversicherung werden folgende Einnahmen des Versicherten herangezogen:

- Arbeitsentgelt
- Rente aus der gesetzlichen Rentenversicherung
- Betriebsrente (Beitragspflichtig sind Betriebsrenten über 164,50 Euro pro Monat)
- Arbeitseinkommen neben einer Rente aus der gesetzlichen Rentenversicherung.

Als Pflichtmitglied einer gesetzlichen Krankenkasse hat ein kinderloser Rentner von seinen Einkünften folgende Beiträge zur GKV und zur sozialen Pflegeversicherung (PV) zu zahlen. Der Zusatzbeitragssatz seiner gesetzlichen Krankenkasse beträgt 1,3 %.

Einkünfte im Monat	Höhe	Beitragssatz KV/PV	Beitrag
Rente aus GRV	1.600 €	11,25 % [1]	180,00 €
Betriebsrente	300 €	15,9 % / 3,3 % [2]	31,44 €
Gesamt	1.900 €		211,44 €

[1] 7,95 % Krankenversicherung (inkl. Zusatzbeitrag 0,65 %) + 3,3 % Pflegeversicherung
[2] 15,9 % Krankenversicherung (inkl. Zusatzbeitrag 1,3 %) aus Betriebsrente abzüglich 164,50 € + 3,3 % Pflegeversicherung aus voller Betriebsrente.

Durch das GKV-Betriebsrentenfreibetragsgesetz hat der krankenversicherungspflichtige Rentner 2021 von seiner Betriebsrente nur einen Krankenversicherungsbeitrag von 21,54 Euro zu zahlen (15,9 % aus 135,50 €).

Für die Beitragsbemessung eines freiwillig Versicherten in der gesetzlichen Krankenversicherung werden folgende Einnahmen des Versicherten zugrunde gelegt:

- Arbeitsentgelt einer abhängigen Beschäftigung
- Arbeitseinkommen aus einer selbstständigen Tätigkeit (steuerrechtlicher Gewinn)
- Einnahmen aus Vermietung und Verpachtung nach Abzug der Werbungskosten
- Kapitalerträge vor Abzug des Sparerpauschbetrages (Erträge sind der GKV anzugeben, weil sie dem Einkommensteuerbescheid nicht zu entnehmen sind)
- Renten aus der gesetzlichen Rentenversicherung
- Betriebsrenten (voll beitragspflichtig sind Betriebsrenten über 164,50 Euro pro Monat)
- Renten der gesetzlichen und privaten Unfallversicherung
- Renten aus Lebensversicherungen und Pensionskassen
- Kapitalzahlungen aus Lebensversicherungen werden auf 120 Monate verteilt.

Ein freiwillig in der GKV versicherter, kinderloser Rentner hat von seinen Einkünften folgende Beiträge zur GKV und zur sozialen Pflegeversicherung (PV) zu zahlen. Der Zusatzbeitragssatz seiner gesetzlichen Krankenkasse beträgt 1,3 %.

Einkünfte im Monat	Höhe	Beitragssatz KV/PV	Beitrag
Rente aus GRV	1.600 €	11,25 % [1]	180,00 €
Betriebsrente	300 €	19,2 % [2]	57,60 €
Direktvers. 60.000 €, beitragspflichtig	500 €	19,2 % [3]	96,00 €
Lebensvers. 30.000 €, beitragspflichtig	250 €	18,6 % [4]	46,50 €
Zinsen aus Wertpapieren (Kapitalerträge)	200 €	18,6 % [4]	37,20 €
Erträge aus Vermietung und Verpachtung	300 €	18,6 % [4]	55,80 €
Gesamt	3.150 €		473,10 €

[1] 7,95 % Krankenversicherung (inkl. Zusatzbeitrag 0,65 %) + 3,3 % Pflegeversicherung
[2] 15,9 % Krankenversicherung (inkl. Zusatzbeitrag 1,3 %) + 3,3 % Pflegeversicherung
[3] 15,9 % Krankenversicherung (inkl. Zusatzbeitrag 1,3 %) + 3,3 % Pflegeversicherung
[4] 15,3 % Krankenversicherung (ermäßigter Satz inkl. Zusatzbeitrag) + 3,3 % Pflegeversicherung

Gesetzliche Krankenversicherung

Monatliches Krankengeld (KG) für gesetzlich versicherte Arbeitnehmer

Brutto-arbeits-entgelt 2021	Alleinstehende StKl I/0[1]				Verheiratete StKl III/0			
	Netto-entgelt	KG täglich netto	KG mtl. netto*	Versor-gungs-lücke*	Netto-entgelt	KG täglich netto	KG mtl. netto*	Versor-gungs-lücke*
1.300	1.014,49	26,60	798	216	1.037,07	26,60	798	239
1.400	1.077,60	28,35	851	227	1.116,85	28,65	860	257
1.500	1.138,29	29,94	898	240	1.196,62	30,69	921	276
1.600	1.196,99	31,48	944	253	1.276,40	32,73	982	294
1.700	1.254,92	33,02	991	264	1.356,17	34,79	1.044	312
1.800	1.314,29	34,57	1.037	277	1.435,95	36,83	1.105	331
1.900	1.373,31	36,12	1.084	289	1.515,72	38,87	1.166	350
2.000	1.432,00	37,65	1.130	302	1.595,50	40,93	1.228	368
2.100	1.490,36	39,19	1.176	314	1.675,27	42,96	1.289	386
2.200	1.548,39	40,71	1.221	327	1.745,39	45,01	1.350	395
2.300	1.606,07	42,25	1.268	338	1.810,99	47,07	1.412	399
2.400	1.663,44	43,75	1.313	350	1.875,60	49,11	1.473	403
2.500	1.720,37	45,24	1.357	363	1.939,21	51,01	1.530	409
2.600	1.776,99	46,73	1.402	375	2.001,82	52,66	1.580	422
2.700	1.833,34	48,20	1.446	387	2.064,26	54,31	1.629	435
2.800	1.889,29	49,68	1.490	399	2.126,87	55,95	1.679	448
2.900	1.944,89	51,14	1.534	411	2.188,64	57,57	1.727	462
3.000	2.000,17	52,58	1.577	423	2.249,59	59,17	1.775	475
3.200	2.109,64	55,46	1.664	446	2.369,47	62,33	1.870	499
3.400	2.217,77	58,31	1.749	469	2.488,69	65,45	1.964	525
3.600	2.324,57	61,11	1.833	492	2.607,07	68,57	2.057	550
3.800	2.429,95	63,89	1.917	513	2.724,79	71,67	2.150	575
4.000	2.533,92	66,60	1.998	536	2.841,84	74,74	2.242	600
4.200	2.636,55	69,30	2.079	558	2.958,22	77,80	2.334	624
4.400	2.737,85	71,96	2.159	579	3.073,77	80,82	2.425	649
4.600	2.837,74	74,58	2.237	601	3.188,82	83,84	2.515	674
4.800	2.936,29	77,18	2.315	621	3.303,20	86,86	2.606	697
5.000	3.043,40	80,01	2.400	643	3.428,23	90,16	2.705	723
5.200	3.151,06	82,86	2.486	665	3.555,23	93,51	2.805	750
5.400	3.257,15	85,64	2.569	688	3.681,23	96,84	2.905	776
5.600	3.361,40	88,40	2.652	709	3.806,56	98,99	2.970	837
5.800	3.464,06	91,11	2.733	731	3.930,90	98,99	2.970	961
6.000	3.565,65	93,79	2.814	752	4.054,40	98,99	2.970	1.084
6.500	3.805,94	98,99	2.970	836	4.359,56	98,99	2.970	1.390
7.000	4.036,82	98,99	2.970	1.067	4.659,40	98,99	2.970	1.689

[1] Gilt auch für Verheiratete, Steuerklasse IV/0 (ohne Kinder) * gerundet auf volle Euro

Das Krankengeld beträgt 70 % des Bruttoarbeitsentgelts (höchstens aus 4.837,50 €). Das Bruttokrankengeld darf 90 % des Nettoarbeitsentgelts nicht übersteigen. Vom Bruttokrankengeld werden Sozialversicherungsbeiträge abgezogen (9,3 % zur Renten-, 1,2 % zur Arbeitslosen-, 1,525 % zur Pflegeversicherung, zusätzlich 0,25 % für Kinderlose).

4,25 Millionen Pflegebedürftige

Am 1. Januar 1995 wurde die soziale Pflegeversicherung eingeführt, die bereits damals über eine Million Pflegebedürftigen Hilfe zusicherte. Ihre Leistungen tragen dazu bei, dass viele Pflegebedürftige zu Hause versorgt werden können und helfen den Pflegebedürftigen und ihren Familien einen Teil des Mehraufwands für die Pflege zu tragen. Inzwischen ist die Zahl der Pflegebedürftigen nach Angaben des Bundesministeriums für Gesundheit auf 4,251 Millionen gestiegen. Von ihnen sind 3,3 Millionen (79 %) in häuslicher Pflege und rund 913.000 (21 %) in den 15.380 Pflegeheimen untergebracht. 2030 wird die Zahl der Pflegebedürftigen die 5 Millionen Grenze erreichen.

Frauen von Pflegebedürftigkeit stärker als Männer betroffen

Von den Pflegebedürftigen sind 62 Prozent Frauen, 38 Prozent Männer. Mit zunehmendem Alter sind mehr Menschen pflegebedürftig. Von den 80- bis unter 85-jährigen Frauen benötigen fast 30 Prozent Pflege, zwischen 85 und 90 Jahren ist jede zweite Frau auf Pflege angewiesen. Bei den Männern liegt der Pflegebedarf etwas niedriger. Von den 80- bis unter 85-jährigen Männern sind 22 Prozent pflegebedürftig, im Alter von 85 bis unter 90 Jahren benötigen fast vier von zehn Männern Pflege.

Pflegebedürftigkeit von Frauen und Männern

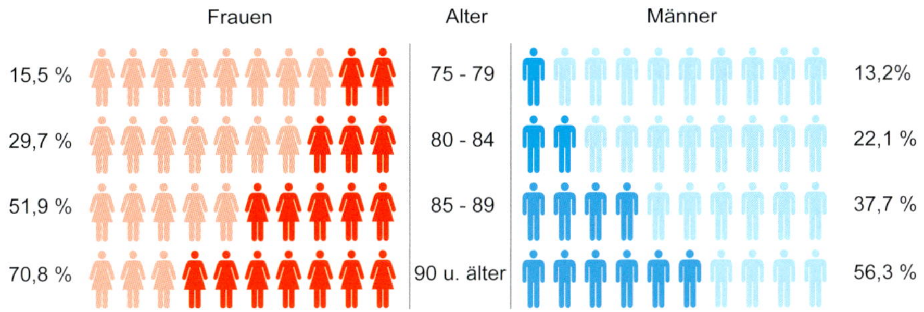

Quelle: Bundesministerium für Gesundheit

6,1 Millionen Pflegebedürftige im Jahr 2050

Mit steigender Lebenserwartung wächst das Risiko, pflegebedürftig zu werden. Bis zum Jahr 2050 wird mit einem Anstieg pflegebedürftiger Personen auf 6,1 Millionen gerechnet. Besonders stark zunehmen wird die Zahl der an Demenz Erkrankten. Nach der Statistik werden von den heute 35-jährigen Frauen rund 60 Prozent das 90. Lebensjahr erreichen. Im Alter von 90 Jahren und darüber sind über 70 Prozent der Frauen pflegebedürftig, bei den Männern sind es über 50 Prozent.

Viele Heimbewohner auf Sozialhilfe angewiesen

Mit Einführung der Pflegeversicherung sollte erreicht werden, dass diejenigen, die ein Leben lang gearbeitet und eine durchschnittliche Rente erworben haben, wegen der Kosten der Pflegebedürftigkeit nicht zum Sozialamt gehen müssen. Dennoch waren im Jahr 2019 rund 231.000 Bewohner stationärer Pflegeeinrichtungen auf Sozialhilfe angewiesen. Laut einer Umfrage der DAK befürchten heute rund 80 Prozent der Versicherten aufgrund der steigenden Pflegeheimkosten und des erhöhten Pflegerisikos im Alter im Falle eines Heimaufenthalts ihre Ersparnisse zu verlieren.

Soziale Pflegeversicherung

Geldleistungen für Pflegebedürftige in den fünf Pflegegraden

Für alle Pflegebedürftigen in vollstationärer Pflege in den Pflegegraden 2 bis 5 gibt es keine Unterschiede bei den pflegebedingten Eigenanteilen. Bei einem Wechsel des Pflegebedürftigen in einen höheren Pflegegrad ist keine höhere Zuzahlung zu leisten. Die Kosten der Pflegeheime sind jedoch so hoch, dass ein Pflegebedürftiger einen Eigenanteil im Bundesdurchschnitt nach Angaben des vdek von 2.015 Euro pro Monat zusätzlich für die Einrichtung, Verpflegung, Unterkunft und Heiminvestitionen aufbringen muss.

Pflege-grade	Pflegegeld Pflege durch Angehörige	Pflegesachleistung Pflege durch Pflegedienst	Leistungsbetrag stationär
PG 1	-	-	125
PG 2	316	689	770
PG 3	545	1.298	1.262
PG 4	728	1.612	1.775
PG 5	901	1.995	2.005

Staatliche Förderung für die private Pflegevorsorge

Die gesetzliche Pflegeversicherung übernimmt immer nur einen Teil der Pflegekosten. Der Staat fördert deshalb Eigeninitiative. Jeder Versicherte der gesetzlichen Pflegeversicherung erhält eine staatliche Zulage von 60 Euro jährlich für eine freiwillige, private Pflege-Zusatzversicherung in Form einer Pflege-Tagegeld-Versicherung, vorausgesetzt, dass der Versicherte einen Eigenanteil von mindestens 120 Euro aufbringt.

Pflegestärkungsgesetze verbessern die Lage der Pflegebedürftigen

Mit dem Ersten Pflegestärkungsgesetz (PSG I) wurden 2015 die Pflegesätze in den Pflegestufen angehoben und der Beitragssatz erhöht. 1,2 Milliarden Euro fließen in einen Pflegevorsorgefonds, um den ansteigenden Pflegebeitrag zu stützen. Ab 2035 kommen die geburtenstarken Jahrgänge 1955 bis 1965 ins pflegebedürftige Alter.

Mit dem Zweiten Pflegestärkungsgesetz (PSG II), werden seit 2016 Pflegebedürftige in sogenannte Pflegegrade (PG 1 - 5) eingestuft. Der Pflegebedarf für den Einzelnen wird genauer erfasst und die Leistungshöhe an die benötigte Unterstützung besser angepasst. Alle Pflegebedürftigen erhalten gleichberechtigten Zugang zu den Leistungen der Pflegeversicherung. Insbesondere die Belange der rund 1,6 Millionen Menschen mit einer demenziellen Erkrankung werden bei der Einstufung in einen Pflegegrad gleichberechtigt wie Pflegebedürftige mit körperlichen Beeinträchtigungen berücksichtigt.

Der Medizinische Dienst der Krankenversicherung begutachtet, wie selbstständig der Pflegebedürftige bei der Bewältigung seines Alltags ist. In sechs Lebensbereichen, wie etwa der Mobilität oder der Selbstversorgung, werden dazu die individuellen Beeinträchtigungen und Fähigkeiten des Pflegebedürftigen erfasst. Je nach Grad der Selbstständigkeit in dem jeweiligen Bereich werden Punkte zugeteilt. Die Punkte aus den sechs Bereichen führen am Ende zu einem Gesamtwert zwischen 12,5 und 100. Entsprechend der Punktzahl erfolgt die Einstufung in einen der fünf Pflegegrade.

Medizinischer Dienst unabhängig

Der Medizinische Dienst ist ab 1. Januar 2020 von den Krankenkassen gelöst und wird als unabhängige Körperschaft des öffentlichen Rechts geführt. Dadurch soll der MD neutral prüfen und handeln können, um effektiv, glaubwürdig und handlungsfähig zu bleiben. Künftig werden auch Vertreter der Patienten, der Pflegebedürftigen und der Verbraucher sowie der Ärzteschaft und der Pflegeberufe im Verwaltungsrat des MD vertreten sein.

Einstufung der Pflegebedürftigen in einen der fünf Pflegegrade

Pflege-grad	Nach Beeinträchtigung der Selbstständigkeit und den Fähigkeiten zur Bewältigung des Alltags	Pflegebedürftige Ende 2019
PG 1	Beeinträchtigung der Selbstständigkeit oder der Fähigkeiten (12,5 bis unter 27 Punkte)	462.653
PG 2	Erhebliche Beeinträchtigung der Selbstständigkeit oder der Fähigkeiten (27 bis unter 47,5 Punkte)	1.752.039
PG 3	Schwere Beeinträchtigung der Selbstständigkeit oder der Fähigkeiten (47,5 bis unter 70 Punkte)	1.205.739
PG 4	Schwerste Beeinträchtigung der Selbstständigkeit oder der Fähigkeiten (70 bis unter 90 Punkte)	581.828
PG 5	wie PG 4 mit besonderen Anforderungen an die pflegerische Versorgung (90 bis 100 Punkte)	249.379

Quelle: Bundesministerium für Gesundheit - Zahlen und Fakten zur Pflegeversicherung

Mit dem **Pflegepersonal-Stärkungsgesetz**, das am 1. Januar 2019 in Kraft trat, soll die Arbeitssituation in der Kranken- und Altenpflege verbessert werden. Krankenhäuser und stationäre Pflegeeinrichtungen können bis zu 13.000 neue Pflegekräfte einstellen, finanziert von den Krankenkassen. Altenpflegeeinrichtungen bis zu 40 Bewohnern erhalten eine halbe Pflegestelle, bis zu 80 Bewohnern eine Pflegestelle, bis zu 120 Bewohnern eineinhalb und mit mehr als 120 Bewohnern zwei Pflegestellen zusätzlich. Zur Entlastung der Pflegekräfte wird die Pflegeversicherung die Anschaffung digitaler Ausrüstung unterstützen und aus Mitteln des Krankenhausstrukturfonds den Einsatz digitaler Anwendungen, wie die telemedizinische Vernetzung von Krankenhäusern, fördern. Zusätzliche Finanzmittel werden für die Finanzierung von Tariferhöhungen beim Pflegepersonal und der Ausbildungsvergütungen von den Krankenkassen eingesetzt.

Bessere Arbeitsbedingungen für Pflegekräfte soll das **Gesetz für bessere Löhne in der Pflege** vom 22. 11. 2019 schaffen. In der Kranken- und Altenpflege sind fast 40.000 Stellen unbesetzt bei einer wachsenden Zahl zu Pflegenden. Mit höherer Bezahlung, besserer Ausbildung und mehr Personal soll der Beruf der Pflegekraft attraktiver werden.

Wegen der hohen Anforderungen im Pflegebereich wurden die Mindestlöhne für Beschäftigte in mehreren Schritten angehoben und bis zum 1. April 2022 wie folgt festgelegt:

Mindestlöhne in der Pflegebranche	
Pflegehilfskräfte bundesweit ab Sept. 2021 / ab April 2022	12,00 € / 12,55 €
qualifizierte Pflegehilfskräfte ab April 2021 in West / Ost	12,50 € / 12,20 €
qualifizierte Pflegehilfskräfte bundesweit ab Sept.'21 / ab April '22	12,50 € / 13,20 €
Pflegefachkräfte bundesweit ab Juli 2021 / ab April 2022	15,00 € / 15,40 €

Entlastung für Kinder Pflegebedürftiger

Wenn die Eltern auf Hilfe angewiesen sind und ihr eigenes Vermögen, mit Ausnahme eines Schonvermögens von derzeit 5.000 Euro, aufgebraucht ist, sind Kinder unterhaltspflichtig. Seit 1. Januar 2020 ist das **Angehörigen-Entlastungsgesetz** in Kraft, mit dem Kinder von pflegebedürftigen Eltern künftig erst ab einem Bruttojahreseinkommen von 100.000 Euro in die Unterhaltspflicht genommen werden. Dies ist eine wichtige Entlastung für Kinder und nimmt Menschen in Pflegeheimen auch die Sorge, eine finanzielle Belastung für ihre Kinder zu sein.

Soziale Pflegeversicherung

Finanzierung

Zur Finanzierung der Pflegeverbesserungen wurde der Beitragssatz zur Pflegeversicherung zum 1. Januar 2019 um 0,5 Prozentpunkte auf 3,05 Prozent erhöht.

Die Ausgaben der Pflegeversicherung haben nach dem letzten abgeschlossenen Rechnungsergebnis 2019 ein Rekordhoch von 43,95 Milliarden Euro erreicht. Dennoch übertrafen die Einnahmen mit 47,24 Mrd. Euro die Ausgaben um 3,29 Mrd. Euro.

Einnahmen und Ausgaben der sozialen Pflegeversicherung

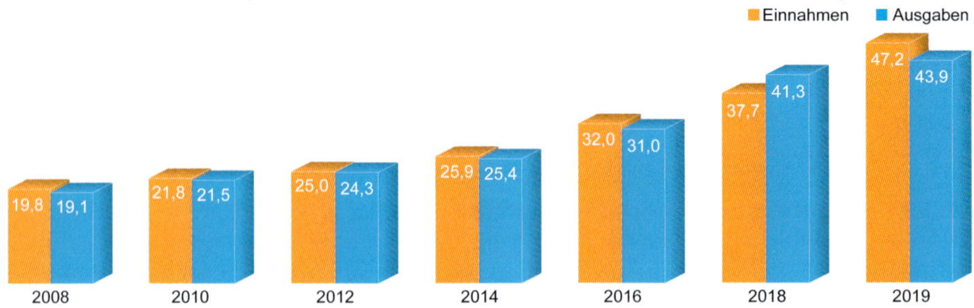

Quelle: Bundesministerium für Gesundheit

Soziale Absicherung von Pflegenden

Wer einen pflegebedürftigen Angehörigen des Pflegegrades 2 bis 5 für mindestens 10 Stunden, verteilt auf regelmäßig zwei Tage in der Woche, in seiner häuslichen Umgebung pflegt und neben der Pflege höchstens 30 Stunden in der Woche berufstätig ist, ist als nicht erwerbsmäßige Pflegeperson in der gesetzlichen Rentenversicherung pflichtversichert, sofern die Pflegeperson nicht bereits eine Altersrente bezieht. Die gesetzliche bzw. private Pflegeversicherung leistet die Rentenversicherungsbeiträge. Die sich aus den Beiträgen ableitenden Rentenbeträge richten sich nach dem Pflegegrad und dem Anspruch auf Leistung des Pflegebedürftigen aus der Pflegekasse.

Jeder Monat der ehrenamtlichen Pflege eines Angehörigen, der sich im Pflegegrad 2 befindet und Pflegegeld von 316 Euro erhält, erhöht den Bruttobetrag der Altersrente des Pflegenden in den alten Bundesländern um 0,73 Euro (neue Bundesländer 0,71 Euro).

Monatliche Altersrentenanwartschaft nicht erwerbsmäßiger Pflegepersonen

Pflegegrad	Pflegeleistung für Pflegebedürftigen	Versichertes Entgelt der Pflegeperson		Altersrente für 1 Monat	
		alte BL	neue BL	alte BL	neue BL
2	Pflegegeld	888,30	841,05	0,73	0,71
3	Pflegegeld	1.414,70	1.339,45	1,17	1,13
4	Pflegegeld	2.303,00	2.180,50	1,89	1,84
5	Pflegegeld	3.290,00	3.115,00	2,71	2,63
2	Pflegesachleistung	621,81	588,74	0,51	0,50
3	Pflegesachleistung	990,29	937,62	0,81	0,79
4	Pflegesachleistung	1.612,10	1.526,35	1,33	1,29
5	Pflegesachleistung	2.303,00	2.180,50	1,89	1,84
2	Kombinationsleistung	755,06	714,89	0,62	0,60
3	Kombinationsleistung	1.202,50	1.138,53	0,99	0,96
4	Kombinationsleistung	1.957,55	1.853,43	1,61	1,57
5	Kombinationsleistung	2.796,50	2.647,75	2,30	2,24

Die Kombinationsleistung besteht zum Teil aus Pflegegeld und Pflegesachleistung. Rente für 1 Monat Pflege.

Leistungen der gesetzlichen Unfallversicherung

Die gesetzliche Unfallversicherung ist ein Zweig der Sozialversicherung „Siebtes Buch Sozialgesetzbuch (SGB VII)“. Pflichtversichert sind

- Arbeitnehmer
- Kinder, die in Kindertageseinrichtungen oder von Tagespflegepersonen betreut werden
- Schüler und Studierende
- Personen in der beruflichen Aus- und Fortbildung
- Mitarbeitende Familienangehörige in der Landwirtschaft
- Pflegepersonen.

Versichert sind ausschließlich Arbeitsunfälle und Berufskrankheiten. Zu den Arbeitsunfällen zählen auch Wegeunfälle auf dem Weg zur Arbeit oder von der Arbeit nach Hause. Berufskrankheiten sind durch den Beruf verursachte Gesundheitsschäden.

Finanziert wird die gesetzliche Unfallversicherung in der gewerblichen Wirtschaft durch Beiträge, die allein von den Unternehmern getragen werden. Arbeitnehmer zahlen keine Beiträge. Einerseits hängen die Beiträge der Unternehmen an die Berufsgenossenschaft von der Höhe der Arbeitsentgelte der Arbeitnehmer ab, andererseits von der Einstufung der Unfallgefahr. In der landwirtschaftlichen Unfallversicherung richtet sich die Beitragshöhe überwiegend nach den Flächen- und Ertragswerten der landwirtschaftlichen Unternehmen.

Für die versicherten Kinder während der Betreuung in Kindertagesstätten, Schüler in der Obhut der Schule, Studenten während der Aus- und Fortbildung an Hochschulen und Universitäten, tragen die Versicherungsträger der öffentlichen Hand (Gemeindeunfallversicherungsverbände) die Kosten für den Versicherungsschutz aus Steuermitteln. Bei den Gemeindeunfallversicherungsverbänden sind auch Arbeitnehmer des öffentlichen Dienstes, ohne Beamte, versichert.

Während einer Heilbehandlung und Reha-Maßnahme zahlen die Unfallversicherungsträger Verletztengeld bzw. Übergangsgeld an den Versicherten. Bei einer durch einen Arbeitsunfall, Wegeunfall oder eine Berufskrankheit verursachten dauerhaften eingeschränkten Erwerbsfähigkeit von mindestens 20 Prozent, zahlen die Berufsgenossenschaften oder Gemeindeunfallversicherungsverbände eine Rente.

Bei vollständigem Verlust der Erwerbsfähigkeit wird dem Versicherten eine Rente in Höhe von zwei Drittel des vor dem Arbeitsunfall erzielten Jahresarbeitsverdienstes gezahlt, bei teilweiser Erwerbsminderung besteht der Anspruch auf Teilrente nach dem Grad der Erwerbsminderung (Beispiel: Jahresentgelt 36.000 Euro, Vollrente 2.000 Euro im Monat; bei Minderung der Erwerbsfähigkeit 25 %: Teilrente 500 Euro).

Als Jahresarbeitsverdienst für Kinder, Schüler und Studenten wird die Bezugsgröße von 39.480 Euro alte Bundesländer, 37.380 Euro neue Bundesländer herangezogen.

Bei voller Erwerbsminderung 2021 beträgt die monatliche Verletztenrente für Kinder, Schüler und Studenten		West	Ost
bis zum 6. Lebensjahr	2/3 von 25 % der mtl. Bezugsgröße	548,33	519,17
vom 6. bis zum 15. Lj.	2/3 von 33 1/3 % der mtl. Bezugsgröße	731,11	692,22
vom 15. bis zum 18. Lj.	2/3 von 40 % der mtl. Bezugsgröße	877,33	830,67
ab vollendetem 18. Lj.	2/3 von 60 % der mtl. Bezugsgröße	1.316,00	1.246,00

Versorgung für Arbeitnehmer im öffentlichen Dienst

Beschäftigte des öffentlichen Dienstes 4,9 Millionen

Beschäftigung nach Aufgabengebieten

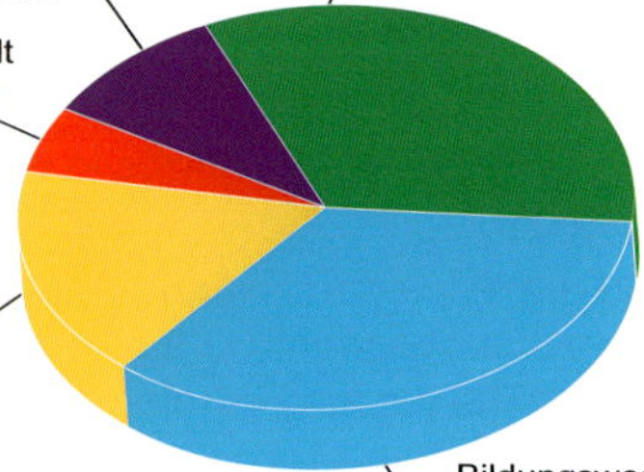

Quelle: Statistisches Bundesamt, Beschäftigte des ÖD am 30.06.2019

Zusatzversorgung des Bundes und der Länder (VBL)

Arbeiter und Angestellte im öffentlichen Dienst sind sozialversicherungspflichtig in der gesetzlichen Rentenversicherung und gehören darüber hinaus der Zusatzversorgung im öffentlichen Dienst an. Für die Arbeitnehmer des Bundes und der Länder - ausgenommen Hamburg und Saarland - ist die „Versorgungsanstalt des Bundes und der Länder (VBL)“ zuständig, zu der sie einen monatlichen Beitrag von 1,41 Prozent zu leisten haben.

Altersvorsorgeplan

Die Zusatzversorgung der Arbeitnehmer im öffentlichen Dienst basiert auf einem versicherungsmathematischen Punktemodell, das für Versicherte seit 1. Januar 2002 gilt.

Die Versorgungspunkte werden ab 2002 Jahr für Jahr auf der Grundlage des jeweiligen Jahresarbeitsentgelts ermittelt. Das individuelle Entgelt wird durch 1.000 geteilt. Der ermittelte Wert wird mit dem Altersfaktor gewichtet und ergibt die Anzahl der Versorgungspunkte für das betreffende Kalenderjahr.

Versorgungspunkt = individuelles Entgelt/1000 x Altersfaktor.

Altersfaktor

Alter	Altersfaktor	Alter	Altersfaktor	Alter	Altersfaktor	Alter	Altersfaktor	Alter	Altersfaktor
17	3,1	26	2,3	35	1,7	44	1,3	53	1,0
18	3,0	27	2,2	36	1,7	45	1,3	54	1,0
19	2,9	28	2,2	37	1,6	46	1,3	55	1,0
20	2,8	29	2,1	38	1,6	47	1,2	56	1,0
21	2,7	30	2,0	39	1,6	48	1,2	57	0,9
22	2,6	31	2,0	40	1,5	49	1,2	58	0,9
23	2,5	32	1,9	41	1,5	50	1,1	59	0,9
24	2,4	33	1,9	42	1,4	51	1,1	60	0,9
25	2,4	34	1,8	43	1,4	52	1,1	61	0,9
								62 u.älter	0,8

Quelle: Versorgungsanstalt des Bundes und der Länder

Höhe der Betriebsrente

Die Höhe der Betriebsrente ergibt sich aus der Multiplikation der Summe aller Versorgungspunkte mit dem Messbetrag. Der Messbetrag beträgt 4 Euro.

Betriebsrente = Summe aller Versorgungspunkte x Messbetrag

Die Versicherungsfälle entsprechen denen in der gesetzlichen Rentenversicherung (Altersrente, Erwerbsminderungsrente, Hinterbliebenenrente). Bei teilweiser Erwerbsminderung wird die Hälfte der vollen Erwerbsminderungsrente gezahlt. Bei vorzeitiger Inanspruchnahme der Betriebsrente werden Abschläge von 0,3 Prozent pro Monat erhoben.

Zusätzliche Versorgungspunkte bei Erwerbsminderung

Bei Erwerbsminderung oder Tod vor Vollendung des 60. Lebensjahres werden zusätzliche Versorgungspunkte berücksichtigt, indem das Durchschnittsentgelt der letzten drei Jahre vor Eintritt des Versicherungsfalles durch 1.000 geteilt und mit der Anzahl voller Kalenderjahre bis zum vollendeten 60. Lebensjahr multipliziert wird.

Erwerbsminderungsrente bei jährlich gestiegenem Gehalt von 2 %

Eintritt in ÖD ab 2006

Alter 2021	2006	2008	2010	2012	2014
30	-	209	192	175	159
35	190	176	161	148	134
40	158	145	133	121	110
45	128	117	107	96	86

Bei Erwerbsminderung erhält ein 35-jähriger Arbeitnehmer, der 2010 in den öffentlichen Dienst eintrat und dessen Gehalt beispielsweise um jährlich 2 % gestiegen ist, für je 1.000 Euro seines heutigen versicherten Verdienstes eine Brutto-Betriebsrente von 161 Euro.

Betriebsrentenkürzung bei vorzeitigem Rentenbeginn

Die Betriebsrente ist wie die gesetzliche Rente um 0,3 % für jeden vorgezogenen Monat zu kürzen, höchstens jedoch um insgesamt 10,8 Prozent. Der Höchstabschlag in der gesetzlichen Rentenversicherung beträgt 14,4 Prozent.

Beitragspflicht zur Kranken- und Pflegeversicherung

Ist der Betriebsrentner Mitglied einer gesetzlichen Krankenversicherung, ist die Versorgungsrente sowohl für die Krankenversicherung als auch für die Pflegeversicherung beitragspflichtig, sofern die Betriebsrente im Monat 164,50 Euro übersteigt. Der Freibetrag ist 1/20 der monatlichen Bezugsgröße von 3.290 Euro. Die Krankenkasse verlangt seit 2020 von ihren Pflichtversicherten den Beitrag von der den Freibetrag übersteigenden Betriebsrente, während der Beitrag von freiwillig Versicherten weiterhin aus der vollen Betriebsrente erhoben wird. Die Krankenkasse erhebt auf die den Freibetrag übersteigende Betriebsrente 14,6 Prozent zuzüglich des kassenindividuellen Zusatzbeitrags. Zusätzlich wendet der Krankenversicherte 3,05 Prozent für die Pflegeversicherung auf. Hat der Versicherte keine Kinder erzogen, erhöht sich der Pflegeversicherungsbeitragssatz um 0,25 Prozentpunkte. Im Gegensatz zum Krankenkassenbeitrag wird der Beitragssatz zur Pflegeversicherung aus der vollen Betriebsrente berechnet, wenn die Betriebsrente im Monat über 164,50 Euro liegt.

Beispiel: VBL-Rente 250 Euro im Monat für Pflichtversicherte	
Krankenvers. 15,9 % (inkl. Zusatzbeitrag 1,3 %) aus 85,50 € (250 - 164,50)	13,59 €
Pflegeversicherung 3,05 % aus 250 €	7,63 €

Versorgung für Arbeitnehmer im öffentlichen Dienst

Je stärker das Gehalt steigt, desto geringer das Versorgungsniveau

Die vom Versicherten erreichbaren Versorgungspunkte fallen mit zunehmendem Alter niedriger aus. Dadurch ersetzt die Betriebsrente bei steigendem versicherten Einkommen immer weniger im Verhältnis zum letzten Einkommen. Die Tabelle zeigt, wie viel die Zusatzrente der VBL vom letzten Einkommen ausmacht, wenn das versicherte Arbeitsentgelt unverändert bliebe oder wenn es um ein oder zwei Prozent pro Jahr steigt.

Altersrente bei Pflichtversicherung bis zum Rentenbeginn mit 67 Jahren
für je 1.000 € Bruttoarbeitsentgel**t**
bei gleichbleibendem Arbeitsentgelt

Alter bei Eintritt in den ÖD nach 2001	Versorgungs-punkte	Regel-Altersrente in €	Gehalt vor Renten-beginn ohne Anpassung	Altersrente in % des End-gehalts
25	58,10	232,40	1.000	23,2
30	46,90	187,60	1.000	18,8
35	37,30	149,20	1.000	14,9
40	29,10	116,40	1.000	11,6

bei jährlich 1 Prozent steigendem Arbeitsentgelt

Alter bei Eintritt in den ÖD nach 2001	Versorgungs-punkte	Regel-Altersrente in €	Gehalt vor Renten-beginn bei jährlich 1 % Anpassung	Altersrente in % des End-gehalts
25	68,90	275,60	1.504	18,3
30	54,70	218,80	1.431	15,3
35	42,75	171,00	1.361	12,6
40	32,75	131,00	1.295	10,1

bei jährlich 2 Prozent steigendem Arbeitsentgelt

Alter bei Eintritt in den ÖD nach 2001	Versorgungs-punkte	Regel-Altersrente in €	Gehalt vor Renten-beginn bei jährlich 2 % Anpassung	Altersrente in % des End-gehalts
25	82,75	331,00	2.252	14,7
30	64,43	257,72	2.040	12,6
35	49,31	197,24	1.848	10,7
40	36,95	147,80	1.673	8,8

Die Modelberechnungen machen den Zusammenhang von Gehaltssteigerungen und Betriebsrenten deutlich.

Ein Arbeitnehmer ist mit 30 Jahren in den öffentlichen Dienst eingetreten. Seine Altersrente mit Erreichen der Regelaltersgrenze von 67 Jahren beträgt bei unverändertem Gehalt 18,8 Prozent seines Gehalts.

Hat sich sein Gehalt seit Eintritt in den öffentlichen Dienst um beispielsweise 2 % jährlich verändert und erhöht es sich weiterhin um jährlich 2 %, steigt zwar der absolute Rentenwert, doch verringert sich das Absicherungsniveau auf 12,6 Prozent seines letzten Gehalts. Von der Betriebsrente werden Beiträge zur Kranken- und Pflegeversicherung abgezogen. Darüber hinaus ist die Betriebsrente steuerpflichtig.

Anwärterbezüge

Eingangsamt des Anwärters nach Abschluss des Vorbereitungsdienstes		
mittlerer Dienst	gehobener Dienst	höherer Dienst
1.268,99	1.511,86	2.317,52

Grundgehälter der Besoldungsordnung A

A	Stufe 1	2	3	4	5	6	7	8
3	2.301,21	2.353,13	2.405,07	2.446,88	2.488,68	2.530,48	2.572,30	2.614,10
4	2.349,36	2.411,41	2.473,48	2.522,89	2.572,30	2.621,71	2.671,10	2.716,73
5	2.367,07	2.444,34	2.506,40	2.567,24	2.628,06	2.690,14	2.750,92	2.810,47
6	2.417,74	2.507,71	2.598,89	2.668,57	2.740,79	2.810,47	2.887,74	2.954,88
7	2.538,10	2.617,92	2.723,09	2.830,73	2.935,88	3.042,30	3.122,12	3.201,92
8	2.685,05	2.781,34	2.916,87	3.053,72	3.190,51	3.285,53	3.381,81	3.476,83
9	2.897,87	2.992,89	3.142,39	3.294,40	3.443,86	3.545,48	3.651,19	3.754,27
10	3.101,83	3.232,31	3.421,09	3.610,70	3.803,84	3.938,26	4.072,64	4.207,09
11	3.545,48	3.745,12	3.943,47	4.143,12	4.280,13	4.417,15	4.554,17	4.691,22
12	3.801,25	4.037,44	4.274,93	4.511,11	4.675,53	4.837,33	5.000,45	5.166,19
13	4.457,62	4.679,45	4.899,96	5.121,81	5.274,49	5.428,48	5.581,13	5.731,19
14	4.584,18	4.869,95	5.157,05	5.442,81	5.639,84	5.838,22	6.035,24	6.233,61
15	5.603,31	5.861,70	6.058,73	6.255,79	6.452,84	6.648,57	6.844,31	7.038,72
16	6.181,40	6.481,55	6.708,59	6.935,65	7.161,40	7.389,78	7.616,82	7.841,28

Erhöhungsbeträge

A 5 (mittlerer Dienst) und A 6	23,19
A 9 (gehobener Dienst) und A 10	10,12

Grundgehälter der Besoldungsordnung B

B 1	7.038,72
B 2	8.176,63
B 3	8.658,13
B 4	9.161,83
B 5	9.739,93
B 6	10.289,32
B 7	10.819,10
B 8	11.373,67
B 9	12.061,37
B 10	14.197,53
B 11	14.808,25

Grundgehälter der Besoldungsordnung R

R	Stufe 1	2	3	4	5	6	7	8
2	5.416,70	5.694,68	5.971,33	6.349,75	6.730,76	7.110,51	7.491,56	7.872,60

R 3	8.658,13
R 5	9.739,93
R 6	10.289,32
R 7	10.819,10
R 8	11.373,67
R 9	12.061,37
R 10	14.808,25

Grundgehälter der Besoldungsordnung W

	Stufe 1
W 1	4.898,68

	Stufe 1	Stufe 2	Stufe 3
W 2	6.085,88	6.443,88	6.801,88
W 3	6.801,88	7.279,20	7.756,53

Familienzuschläge

Stufe 1 Verheiratete	Stufe 2 mit 1 Kind
149,36	277,02

Bei mehr als einem Kind erhöht sich der Familienzuschlag für das zweite zu berücksichtigende Kind um 127,66 €, für das dritte und jedes weitere zu berücksichtigende Kind um 397,74 €.

Der Familienzuschlag erhöht sich für das erste zu berücksichtigende Kind in A 3 - A 5 um je 5,37 €, für jedes weitere Kind in A 3 um 26,84 €, in A 4 um 21,47 € und in A 5 um 16,10 €.

Dienstbezüge seit 1. März 2020

Bundesbeamtenbesoldung und -versorgung

Abzug für Pflegeleistungen

Vom Ruhegehalt des Bundesbeamten wird ein Pflegeversicherungsanteil abgezogen. Die Versorgungsbezüge vermindern sich um den halben gesetzlichen Pflegeversicherungsbeitrag von 1,525 Prozent (max. aus 4.837,50 Euro, Pflegeanteil höchstens 73,77 Euro).

Mindestversorgung der Bundesbeamten

Bundesbeamte erhalten mindestens 35 Prozent ihrer ruhrgehaltfähigen Dienstbezüge bzw. 65 Prozent (75 % bei einem Dienstunfall) der ruhegehaltfähigen Dienstbezüge aus der Endstufe der Besoldungsgruppe A 4 plus 30,68 Euro. Das Mindestruhegehalt beträgt nach Abzug der Pflegeversicherung:

Mindestruhegehalt	Alleinstehende	Verheiratete
bei Dienstunfähigkeit / im Alter	1.751,94 €	1.846,60 €
bei Dienstunfall	2.048,05 €	2.158,97 €

Versorgung bei Dienstunfähigkeit

Bei Dienstunfähigkeit wird die Versorgung aus der tatsächlich erreichten Dienstaltersstufe berechnet. Nur im Falle einer Dienstunfähigkeit infolge eines Dienstunfalls wird die Dienstaltersstufe zugrunde gelegt, die der Beamte fiktiv hätte erreichen können (im Allgemeinen die Endstufe). Bei Dienstunfähigkeit, die nicht auf einem Dienstunfall beruht, wird das Ruhegehalt um 3,6 Prozent für jedes Jahr vermindert, das der Beamte vor dem vollendeten 63. Lebensjahr in den Ruhestand versetzt wird. Beginnt die Dienstunfähigkeit vor dem Alter 60, verringert sich das Ruhegehalt um 10,8 Prozent.

Ein Beamter wird vorzeitig in den Ruhestand versetzt, wenn er aus gesundheitlichen Gründen dauernd unfähig ist, seine Dienstpflichten zu erfüllen. Wer eine anderweitige Tätigkeit, auch eine weniger qualifizierte Tätigkeit, mindestens für die Hälfte der regelmäßigen Arbeitszeit ausüben kann, wird nicht in den Ruhestand versetzt. Entsprechend der begrenzten Leistungsfähigkeit wird die Arbeitszeit herabgesetzt und der Beamte erhält nach der neuen „Begrenzte Dienstfähigkeit Zuschlagsverordnung" einen nicht ruhegehaltfähigen Zuschlag bis zu 150 Euro zu seiner Besoldung.

Witwen-/Witwerversorgung

Das große Witwen-/Witwergeld beträgt 55 Prozent des Ruhegehalts, das sich um einen Kinderzuschlag bis zu 68,36 Euro (66,44 Euro neue Bundesländer) für das erste Kind und für jedes weitere Kind um bis zu 34,18 Euro (33,22 Euro neue Bundesländer) erhöht, wenn die Ehe nach dem 31. Dezember 2001 geschlossen wurde oder beide Ehepartner nach dem 1. Januar 1962 geboren sind, ansonsten 60 Prozent ohne Kinderzuschlag.

Gründe für den Eintritt der Versorgung (63.475 Versorgungszugänge 2019)

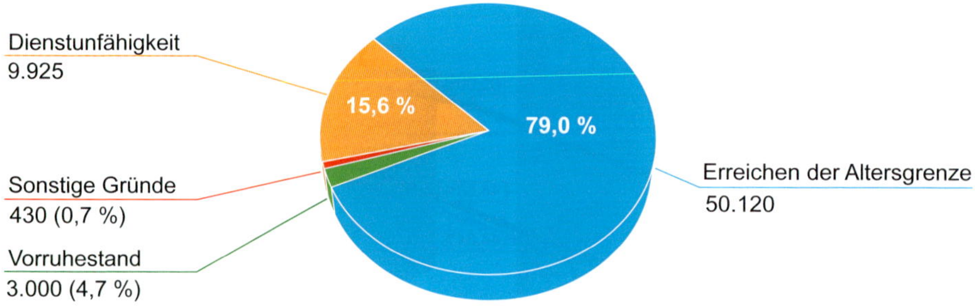

Quelle: Statistisches Bundesamt, Versorgungszugänge im Jahr 2019

Anhebung der Altersgrenze

Seit 2012 erfolgt die Anhebung der Altersgrenze in Stufen von 65 Jahren auf 67 Jahre mit gleicher Wirkung wie in der gesetzlichen Rentenversicherung. Zum ersten Mal verschob sich der Ruhestand im Alter für Beamte des Jahrgangs 1947, anfänglich um einen Monat und ab dem Geburtsjahr 1959 um jeweils 2 Monate. Ab 1964 geborene Beamte erreichen die Regelaltersgrenze mit Vollendung des 67. Lebensjahres. Auch für Bundesbeamte der Polizei, Feuerwehr, Richter und Soldaten sind die gesetzlich festgelegten besonderen Altersgrenzen in Stufen um 2 Jahre angehoben worden.

Versorgungsabschlag bei vorzeitiger Pensionierung

Für jedes Jahr des vorgezogenen Ruhestandes mindert sich die Versorgung um 3,6 Prozent. Bei Eintritt in den Ruhestand mit 63 Jahren beträgt der Versorgungsabschlag nach Anpassung der Regelaltersgrenze auf 67 Jahre 14,4 Prozent. Das verminderte Ruhegehalt darf das Mindestruhegehalt nicht unterschreiten.

Abschlagsfreier Pensionsbeginn mit 65 Jahren für langjährige Beamte

Ein Beamter, der 45 Dienstjahre erfüllt hat, kann mit 65 Jahren in den Altersruhestand ohne Kürzung des Ruhegehalts treten.

Stufenweise Anhebung des Pensionseintrittsalters von bisher 65 auf 67 Jahre

Geburtsjahr	Anhebung Monate	Alter Jahre / Monate		Abschlag in % mit 65	mit 63
1955	9	65	9	2,7	9,9
1956	10	65	10	3,0	10,2
1957	11	65	11	3,3	10,5
1958	12	66	0	3,6	10,8
1959	14	66	2	4,2	11,4

Geburtsjahr	Anhebung Monate	Alter Jahre / Monate		Abschlag in % mit 65	mit 63
1960	16	66	4	4,8	12,0
1961	18	66	6	5,4	12,6
1962	20	66	8	6,0	13,2
1963	22	66	10	6,6	13,8
1964	24	67	0	7,2	14,4

Stufenweise Anhebung des Pensionseintrittsalters von 60 auf 62 Jahre für Bundesbeamte mit der besonderen Altersgrenze von bisher 60 Jahren

Geburtsjahr	Anhebung Monate	Alter Jahre / Monate		Abschlag in % mit 60
1959	14	61	2	4,2
1960	16	61	4	4,8
1961	18	61	6	5,4

Geburtsjahr	Anhebung Monate	Alter Jahre/ Monate		Abschlag in % mit 60
1962	20	61	8	6,0
1963	22	61	10	6,6
1964	24	62	0	7,2

Altersgeld für freiwillig ausscheidende Bundesbeamte

Nach dem Gesetz (AltGG) vom 4.09.2013 soll durch Zahlung eines Altersgeldes freiwillig aus dem Dienst ausgeschiedenen Beamten auf Lebenszeit eine bessere Versorgung gewährleistet werden als die Rente aus der bisherigen obligatorischen Nachversicherung in der gesetzlichen Rentenversicherung. Das Altersgeld ist als Alternative zur Nachversicherung in der gesetzlichen Rentenversicherung zu sehen, die weiterhin bestehen bleibt. Ein Anspruch besteht, wenn eine Dienstzeit von mindestens sieben Jahren, davon wenigstens fünf Jahre im Bundesdienst, zurückgelegt worden ist. Die Höhe des Altersgeldes lehnt sich an die Höhe der Beamtenversorgung an, mit einem Abschlag von 15 Prozent. Grundsätzlich wird das Altersgeld mit Erreichen der Regelaltersgrenze geleistet.

Ruhegehalt 2021 bei Dienstunfähigkeit für Bundesbeamte

Ledige		Dienstbezüge (Endstufe)		Ruhegehalt* bei Dienstunfähigkeit vor dem 60. Lebensjahr nach 30 Jahren		35 Jahren		ab 40 Jahren	
Bes.-Gr. A	Amtsbezeichnung	Brutto	Netto	Brutto	Netto	Brutto	Netto	Brutto	Netto
3	Hauptamtsgehilfe	2.614	2.229	1.752	1.617	1.752	1.617	1.752	1.617
4	Amtsmeister	2.717	2.301	1.752	1.617	1.752	1.617	1.752	1.617
5	Oberamtsmeister	2.810	2.366	1.752	1.617	1.752	1.617	1.754	1.618
6	Sekretär	2.978	2.482	1.752	1.617	1.752	1.617	1.858	1.696
7	Obersekretär	3.202	2.634	1.752	1.617	1.752	1.617	1.998	1.799
8	Hauptsekretär	3.477	2.817	1.752	1.617	1.898	1.726	2.170	1.925
9	Inspektor	3.754	2.998	1.757	1.620	2.050	1.837	2.343	2.050
10	Oberinspektor	4.217	3.292	1.974	1.781	2.303	2.021	2.632	2.256
11	Amtmann	4.691	3.581	2.195	1.944	2.561	2.206	2.927	2.462
12	Amtsrat	5.166	3.861	2.418	2.104	2.821	2.388	3.224	2.664
13	Oberamtsrat	5.731	4.173	2.682	2.291	3.129	2.600	3.576	2.899
14	Oberregierungsrat	6.234	4.439	2.917	2.455	3.404	2.785	3.890	3.103
15	Direktor	7.039	4.866	3.294	2.712	3.843	3.073	4.392	3.419
16	Leitender Direktor	7.841	5.291	3.670	2.960	4.281	3.350	4.895	3.723

Verheiratete		Dienstbezüge (Endstufe)		Ruhegehalt* bei Dienstunfähigkeit vor dem 60. Lebensjahr nach 30 Jahren		35 Jahren		ab 40 Jahren	
Bes.-Gr. A	Amtsbezeichnung	Brutto	Netto	Brutto	Netto	Brutto	Netto	Brutto	Netto
3	Hauptamtsgehilfe	2.763	2.613	1.847	1.847	1.847	1.847	1.847	1.847
4	Amtsmeister	2.866	2.691	1.847	1.847	1.847	1.847	1.847	1.847
5	Oberamtsmeister	2.960	2.762	1.847	1.847	1.847	1.847	1.847	1.847
6	Sekretär	3.127	2.888	1.847	1.847	1.847	1.847	1.952	1.952
7	Obersekretär	3.351	3.056	1.847	1.847	1.847	1.847	2.091	2.079
8	Hauptsekretär	3.626	3.260	1.847	1.847	1.980	1.980	2.263	2.223
9	Inspektor	3.904	3.464	1.847	1.847	2.131	2.113	2.436	2.365
10	Oberinspektor	4.367	3.801	2.043	2.038	2.384	2.323	2.725	2.594
11	Amtmann	4.841	4.139	2.265	2.226	2.643	2.530	3.021	2.819
12	Amtsrat	5.316	4.473	2.488	2.407	2.902	2.730	3.317	3.042
13	Oberamtsrat	5.881	4.863	2.752	2.615	3.211	2.963	3.670	3.305
14	Oberregierungsrat	6.383	5.203	2.987	2.794	3.485	3.168	3.983	3.535
15	Direktor	7.188	5.735	3.364	3.077	3.925	3.493	4.485	3.900
16	Leitender Direktor	7.991	6.249	3.740	3.356	4.363	3.811	4.990	4.259

*Ruhegehalt aus der Endstufe der Besoldung auf volle Euro gerundet (Stand 01.01.2021).

Bei Dienstunfähigkeit vor dem Alter von 60 Jahren zählt die Zeit vom Eintritt in den Ruhestand bis zur Vollendung des 60. Lebensjahres zu zwei Drittel als ruhegehaltfähige Dienstzeit.

Das Ruhegehalt ist um 10,8 Prozent gekürzt; dies gilt für Beamte mit Eintritt der Dienstunfähigkeit vor dem vollendeten 60. Lebensjahr. Nach Abzug des Pflegeversicherungsanteils beträgt das Brutto-Mindestruhegehalt 1.751,94 Euro für Alleinstehende, 1.846,60 Euro für Verheiratete. Beim Nettoruhegehalt wurden Steuern für Alleinstehende (StKl I) und Verheiratete (StKl III/0) abgezogen.

Altersruhegehalt für Bundesbeamte mit 63 und 65 Jahren

Ledige / Bes.-Gr. A	Ruhegehalt* mit 63 Jahren nach 35 Jahren Brutto	Netto	ab 40 Jahren Brutto	Netto	Ruhegehalt* mit 65 Jahren, 10 Monaten nach 35 Jahren Brutto	Netto	ab 40 Jahren Brutto	Netto
3	1.752	1.617	1.752	1.617	1.752	1.617	1.829	1.674
4	1.752	1.617	1.752	1.617	1.752	1.617	1.901	1.727
5	1.752	1.617	1.754	1.618	1.752	1.617	1.966	1.776
6	1.752	1.617	1.858	1.696	1.823	1.669	2.083	1.862
7	1.752	1.617	1.998	1.799	1.960	1.771	2.240	1.976
8	1.898	1.726	2.170	1.925	2.128	1.895	2.432	2.114
9	2.050	1.837	2.343	2.050	2.298	2.018	2.626	2.252
10	2.303	2.021	2.632	2.256	2.581	2.220	2.950	2.478
11	2.561	2.206	2.927	2.462	2.872	2.423	3.282	2.703
12	2.821	2.388	3.224	2.664	3.162	2.623	3.614	2.924
13	3.129	2.600	3.576	2.899	3.508	2.854	4.009	3.179
14	3.404	2.785	3.890	3.103	3.816	3.055	4.361	3.399
15	3.843	3.073	4.392	3.419	4.308	3.367	4.927	3.741
16	4.281	3.350	4.895	3.723	4.800	3.666	5.497	4.071

Verheiratete / Bes.-Gr. A	Ruhegehalt* mit 63 Jahren nach 35 Jahren Brutto	Netto	ab 40 Jahren Brutto	Netto	Ruhegehalt* mit 65 Jahren, 10 Monaten nach 35 Jahren Brutto	Netto	ab 40 Jahren Brutto	Netto
3	1.847	1.847	1.847	1.847	1.847	1.847	1.933	1.933
4	1.847	1.847	1.847	1.847	1.847	1.847	2.005	2.004
5	1.847	1.847	1.847	1.847	1.847	1.847	2.071	2.062
6	1.847	1.847	1.952	1.952	1.914	1.914	2.188	2.161
7	1.847	1.847	2.091	2.079	2.051	2.045	2.344	2.291
8	1.980	1.980	2.263	2.223	2.220	2.188	2.537	2.446
9	2.131	2.113	2.436	2.365	2.389	2.328	2.731	2.599
10	2.384	2.323	2.725	2.594	2.673	2.554	3.055	2.845
11	2.643	2.530	3.021	2.819	2.963	2.776	3.386	3.094
12	2.902	2.730	3.317	3.042	3.254	2.995	3.719	3.341
13	3.211	2.963	3.670	3.305	3.600	3.253	4.114	3.631
14	3.485	3.168	3.983	3.535	3.907	3.480	4.465	3.885
15	3.925	3.493	4.485	3.900	4.400	3.838	5.033	4.290
16	4.363	3.811	4.990	4.259	4.893	4.191	5.603	4.688

* Ruhegehalt auf volle Euro gerundet, berechnet aus der Endstufe der Besoldung mit dem Abschlag von 10,8 % bei vorzeitigem Beginn des Ruhestandes 2021 mit 63 Jahren und ohne Abschlag bei Eintritt des Ruhestandes bei Erreichen der Regelaltersgrenze von 65 Jahren und 10 Monaten.

Das Altersruhegehalt ist auf volle Euro gerundet unter Beachtung des Mindestruhegehalts von 1.751,94 Euro für Alleinstehende und 1.846,60 Euro für Verheiratete nach Abzug des Pflegeversicherungsanteils.

Das Nettoruhegehalt ist das um Steuern verminderte Ruhegehalt. Es beträgt für Alleinstehende der Steuerklasse I mindestens 1.616,53 Euro, für Verheiratete der Steuerklasse III mindestens 1.846,60 Euro.

Baden-Württemberg

A	Anfangsstufe	Endstufe
3	-	-
4	-	-
5	2.401,51	2.964,84
6	2.452,75	3.052,12
7	2.550,09	3.208,60
8	2.695,03	3.482,59
9	2.855,78	3.699,92
10	3.058,71	4.144,16
11	3.489,65	4.619,83
12	3.917,89	5.097,30
13	4.587,09	5.665,33
14	4.874,59	6.272,83
15	5.641,39	7.082,60
16	6.222,97	7.889,79

Bayern

A	Anfangsstufe	Endstufe
3	2.372,43	2.723,74
4	2.436,42	2.849,97
5	2.469,54	2.881,00
6	2.535,56	2.987,29
7	2.640,02	3.138,90
8	2.710,60	3.404,44
9	2.843,59	3.593,34
10	3.066,85	4.021,27
11	3.535,41	4.479,77
12	3.979,84	4.942,44
13	4.643,98	5.492,88
14	4.980,67	6.081,51
15	5.748,93	6.866,14
16	6.356,19	7.648,32

Berlin*

A	Anfangsstufe	Endstufe
3	-	-
4	2.180,53	2.549,00
5	2.196,47	2.620,79
6	2.244,83	2.749,43
7	2.336,35	2.956,99
8	2.471,10	3.221,69
9	2.621,81	3.441,23
10	2.812,45	3.860,78
11	3.222,96	4.312,98
12	3.463,45	4.774,35
13	4.090,78	5.319,33
14	4.306,44	5.881,33
15	5.282,74	6.655,06
16	5.834,29	7.415,73

Brandenburg

A	Anfangsstufe	Endstufe
3	-	-
4	-	-
5	2.340,24	2.889,94
6	2.390,25	2.975,17
7	2.485,25	3.127,77
8	2.626,65	3.395,19
9	2.783,51	3.607,23
10	2.981,58	4.037,20
11	3.402,06	4.493,99
12	3.816,61	4.950,72
13	4.269,23	5.494,14
14	4.486,89	6.075,26
15	5.471,21	6.849,91
16	6.027,57	7.622,14

Bremen

A	Anfangsstufe	Endstufe
3	2.244,08	2.544,91
4	2.290,23	2.644,36
5	2.307,03	2.734,96
6	2.356,66	2.872,48
7	2.450,91	3.088,38
8	2.591,19	3.353,66
9	2.746,84	3.564,09
10	2.943,31	3.990,90
11	3.359,73	4.419,54
12	3.760,67	4.870,11
13	4.388,64	5.406,20
14	4.659,96	5.979,48
15	5.383,58	6.743,70
16	5.932,45	7.505,44

Hamburg

A	Anfangsstufe	Endstufe
3	-	-
4	2.448,37	2.731,58
5	2.476,72	2.820,09
6	2.514,96	2.954,43
7	2.610,97	3.165,22
8	2.752,66	3.424,56
9	2.869,02	3.590,00
10	3.067,16	4.004,12
11	3.485,76	4.455,61
12	3.898,46	4.907,12
13	4.359,67	5.444,27
14	4.584,54	6.018,73
15	5.582,89	6.784,43
16	6.149,51	7.547,77

Hessen

A	Anfangsstufe	Endstufe
3	-	-
4	-	-
5	2.241,23	2.599,07
6	2.291,07	2.733,83
7	2.386,19	2.946,72
8	2.526,59	3.207,16
9	2.678,34	3.413,27
10	2.870,85	3.827,72
11	3.290,97	4.266,20
12	3.529,90	4.714,19
13	4.108,66	5.247,32
14	4.323,38	5.817,78
15	5.303,30	6.577,22
16	5.856,27	7.334,33

Mecklenburg-Vorpommern

A	Anfangsstufe	Endstufe
3	-	-
4	2.244,31	2.589,91
5	2.260,70	2.678,32
6	2.309,13	2.812,50
7	2.401,10	3.023,21
8	2.538,02	3.282,09
9	2.689,89	3.487,42
10	2.881,63	3.902,95
11	3.288,78	4.347,36
12	3.520,65	4.795,96
13	3.940,22	5.329,72
14	4.094,89	5.900,52
15	5.307,21	6.661,41
16	5.853,68	7.419,86

BW: 01.01.2021

Bayern: 01.01.2021

*Berlin: 01.02.2020
Unter Vorbehalt wird seit 1. Januar 2021 die geplante Erhöhung der Besoldung um 2,5 % gezahlt.

Brandenburg: 01.01.2021

Bremen: 01.01.2021

Hamburg: 01.01.2021

Hessen: 01.01.2021

Mecklenburg-Vorp.: 01.01.2021

Niedersachsen

A	Anfangsstufe	Endstufe
3	-	-
4	-	-
5	2.304,07	2.727,65
6	2.353,19	2.863,75
7	2.446,48	3.077,48
8	2.585,32	3.340,05
9	2.739,39	3.556,63
10	2.933,88	3.998,17
11	3.346,85	4.461,76
12	3.774,08	4.925,38
13	4.233,67	5.476,94
14	4.454,58	6.066,79
15	5.453,68	6.853,05
16	6.018,38	7.636,80

Nordrhein-Westfalen

A	Anfangsstufe	Endstufe
3	-	-
4	-	-
5	2.409,36	2.979,75
6	2.461,24	3.068,13
7	2.530,34	3.189,11
8	2.675,29	3.463,24
9	2.802,97	3.637,32
10	3.003,56	4.072,94
11	3.416,32	4.495,09
12	3.824,06	4.953,31
13	4.463,40	5.498,22
14	4.739,30	6.081,24
15	5.475,22	6.858,41
16	6.033,41	7.633,11

Rheinland-Pfalz

A	Anfangsstufe	Endstufe
3	-	-
4	2.442,32	3.000,00
5	2.459,90	3.031,97
6	2.511,86	3.142,96
7	2.577,38	3.235,60
8	2.722,21	3.509,51
9	2.841,21	3.685,08
10	3.003,85	4.068,30
11	3.428,51	4.532,14
12	3.670,28	5.002,59
13	4.107,31	5.562,27
14	4.269,10	6.160,80
15	5.538,66	6.958,64
16	6.111,67	7.753,93

Saarland

A	Anfangsstufe	Endstufe
3	-	-
4	2.309,55	2.659,58
5	2.326,14	2.749,09
6	2.375,18	2.885,00
7	2.468,36	3.098,41
8	2.607,02	3.360,61
9	2.743,86	3.551,60
10	2.938,05	3.973,31
11	3.329,86	4.400,16
12	3.564,67	4.848,02
13	4.179,79	5.380,91
14	4.393,23	5.950,76
15	5.358,42	6.710,35
16	5.903,99	7.467,55

Sachsen

A	Anfangsstufe	Endstufe
3	-	-
4	2.337,16	2.738,17
5	2.354,73	2.834,03
6	2.429,36	3.002,47
7	2.528,03	3.231,01
8	2.674,84	3.511,79
9	2.913,68	3.811,23
10	3.119,32	4.265,88
11	3.555,97	4.745,45
12	3.804,65	5.225,01
13	4.258,76	5.795,61
14	4.324,20	6.303,75
15	5.606,67	7.117,11
16	6.184,41	7.927,91

Sachsen-Anhalt

A	Anfangsstufe	Endstufe
3	-	-
4	2.315,95	2.670,12
5	2.332,74	2.760,68
6	2.382,35	2.898,19
7	2.476,62	3.114,12
8	2.616,90	3.379,41
9	2.772,54	3.589,79
10	2.969,01	4.017,22
11	3.386,23	4.475,21
12	3.623,84	4.937,37
13	4.247,79	5.487,31
14	4.468,02	6.075,35
15	5.464,07	6.859,25
16	6.027,09	7.640,67

Schleswig-Holstein

A	Anfangsstufe	Endstufe
3	-	-
4	2.359,45	2.640,85
5	2.376,57	2.730,37
6	2.427,07	2.866,30
7	2.523,06	3.079,75
8	2.665,90	3.342,00
9	2.824,36	3.549,98
10	3.024,42	3.967,01
11	3.449,22	4.411,33
12	3.868,01	4.861,76
13	4.317,11	5.403,24
14	4.536,53	5.982,31
15	5.541,79	6.754,18
16	6.112,83	7.523,61

Thüringen

A	Anfangsstufe	Endstufe
3	-	-
4	-	-
5	-	-
6	2.404,44	2.944,98
7	2.484,24	3.146,84
8	2.630,03	3.422,57
9	2.791,79	3.641,26
10	2.957,13	4.032,45
11	3.384,83	4.497,01
12	3.628,42	4.961,56
13	4.268,47	5.514,32
14	4.472,43	6.081,63
15	5.469,64	6.866,42
16	6.033,29	7.648,73

Niedersachsen: 01.03.2021
Nordrhein-Westfalen: 01.01.2021
Rheinland-Pfalz: 01.01.2021
Saarland: 01.04.2021
Sachsen: 01.01.2021
Sachsen-Anhalt: 01.01.2021
Schleswig-Holstein: 01.01.2021
Thüringen: 01.01.2021

Betriebliche Altersversorgung

Der Staat fördert die betriebliche Altersversorgung

Eine Ergänzung zur Rente aus der gesetzlichen Rentenversicherung wird seit 2002 im Bereich der privaten und betrieblichen Altersversorgung staatlich gefördert. Mit dem Betriebsrentenstärkungsgesetz vom 17. August 2017 hat die Bundesregierung neue Anreize geschaffen, um eine hohe Verbreitung der bAV insbesondere in Klein- und Mittelbetrieben zu erreichen. Rund 54 Prozent aller sozialversicherungspflichtig Beschäftigten in der Privatwirtschaft, etwa 18,2 Millionen Arbeitnehmer, hatten 2019 eine Anwartschaft auf eine betriebliche Altersversorgung, die vom Arbeitgeber, vom Arbeitnehmer oder von beiden gemeinsam finanziert werden kann. Die bAV in Form der Direktversicherung findet den größten Zuspruch.

Der Verbreitungsgrad in den Groß-, Klein- und Mittelbetrieben ist sehr unterschiedlich. In Betrieben mit weniger als zehn Beschäftigten verfügen nur 29 Prozent der Mitarbeiter über eine Betriebsrentenanwartschaft, in Großbetrieben mit 1.000 und mehr Beschäftigten über 88 Prozent der Mitarbeiter.

Aktive bAV-Anwartschaften in der Privatwirtschaft nach Durchführungsweg

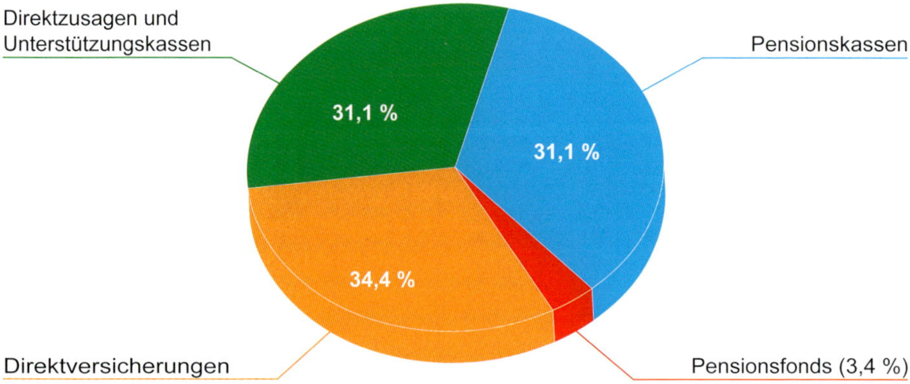

Quelle: Ergänzender Bericht der Bundesregierung zum Rentenversicherungsbericht 2020

Rechtsanspruch auf Entgeltumwandlung

Nach dem Betriebsrentengesetz steht jedem Arbeitnehmer eine betriebliche Altersversorgung durch Entgeltumwandlung zu. Mit diesem Rechtsanspruch kann jeder Arbeitnehmer einen Teil seines Gehalts in Versorgungslohn umwandeln. Dabei ist der Rahmen vom Gesetzgeber gesteckt. Jeder Arbeitnehmer kann von seinem Arbeitgeber verlangen, dass von seinen künftigen Entgeltansprüchen bis zu 4 Prozent der Beitragsbemessungsgrenze in der allgemeinen Rentenversicherung durch Entgeltumwandlung für seine betriebliche Altersversorgung verwendet werden (§ 1a BetrAVG). Dies gilt nicht nur für Vollzeitbeschäftigte, sondern auch für Teilzeit- und geringfügig Beschäftigte.

Führt der Arbeitgeber bereits die betriebliche Altersversorgung über einen Pensionsfonds oder eine Pensionskasse durch oder hat er dieses vor, ist die betriebliche Altersversorgung dort durchzuführen; andernfalls kann der Arbeitnehmer verlangen, dass der Arbeitgeber für ihn eine Direktversicherung abschließt.

Verbreitung der betrieblichen Altersversorgung in den Betrieben

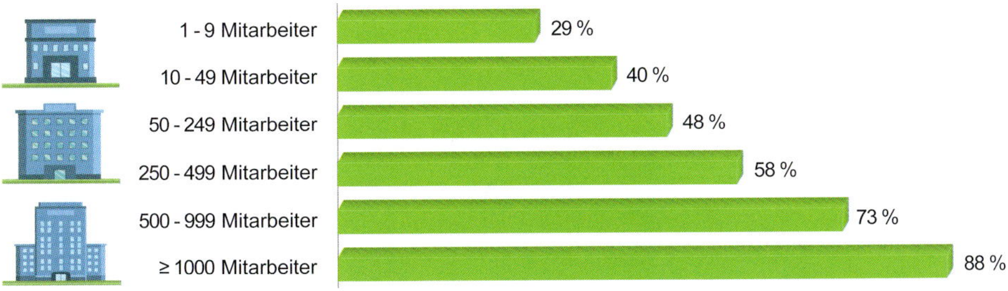

Quelle: Ergänzender Bericht der Bundesregierung zum Rentenversicherungsbericht 2020

Vorteile der Entgeltumwandlung

Arbeitnehmer können seit 2019 acht Prozent (vorher vier Prozent) ihres Gehalts bis zur BBG der gesetzlichen Rentenversicherung über ihren Arbeitgeber in eine betriebliche Altersversorgung investieren. Vier Prozent des Gehalts bleiben sozialversicherungsfrei. 2021 sind somit bis 568 Euro im Monat steuerfrei und davon 284 Euro beitragsfrei in der Renten-, Kranken-, Pflege- und Arbeitslosenversicherung. Der vom Lohn des Arbeitnehmers für die Entgeltumwandlung verwendete Betrag fließt in einen Pensionsfonds, eine Pensionskasse oder eine Direktversicherung aus der dem Arbeitnehmer eine garantierte Leistung im Alter zusteht.

Der Steuervorteil und die Ersparnis an Sozialversicherungsabgaben sind starke Anreize für den Arbeitnehmer, der dadurch für seine bAV tatsächlich nur etwa 50 bis 60 Prozent des Entgeltumwandlungsbetrags aufbringt. Eine weitere Verbesserung wurde mit dem Betriebsrentenstärkungsgesetz eingeführt. Seit 2019 muss der Arbeitgeber seine Ersparnis an Sozialversicherungsbeiträgen in pauschaler Form (15 %) der bAV zuführen.

Der Mindestbeitrag für eine Entgeltumwandlung beträgt 1/160 der Bezugsgröße. Dies sind 20,56 Euro im Monat. Der vom Gehalt des Arbeitnehmers in die bAV fließende Betrag verkürzt den steuer- und sozialversicherungspflichtigen Lohn im Monat der Zuweisung, sodass sich die Steuer- und Sozialversicherungsersparnis sofort auswirkt und nicht auf eine Steuerersparnis durch Abgabe einer Einkommensteuererklärung zu warten ist.

Die Entgeltumwandlung führt sofort zu unverfallbaren Ansprüchen, die weder bei Insolvenz noch beim Wechsel des Arbeitgebers verloren gehen. Ab der ersten Beitragszahlung zur betrieblichen Altersversorgung bestehen Ansprüche auf Leistungen im Versorgungsfall.

Damit Interessenten und Versorgungsanwärter gut über den Stand ihrer bAV informiert werden, gibt es für sie durch die VAG-Informationspflichtenverordnung vom 17. Juni 2019 von der durchführenden Einrichtung, einem Pensionsfonds, einer Pensionskasse oder einem anderen Lebensversicherungsunternehmen auf elektronischem Weg oder in Papierform allgemeine und spezielle Informationen. Dazu gehören unter anderem Einzelheiten über die Vertragsbedingungen einschließlich der Tarifbestimmungen, Angaben über eine Projektion der künftigen Versorgungsleistung und zur Steuer- und Beitragspflicht in der Kranken- und Pflegeversicherung der Leistungen. Pensionsfonds zeigen zusätzlich die Struktur ihres Anlagenportfolios als auch das Risikopotenzial auf.

Betriebliche Altersversorgung

Arbeitgeberzuschuss für die Entgeltumwandlung

2021 spart der Arbeitgeber bei einem Arbeitnehmer mit einem Bruttogehalt bis zur Beitragsbemessungsgrenze in der Kranken- und Pflegeversicherung von 4.837,50 Euro, an Sozialabgaben mindestens 19,325 Prozent des Entgeltumwandlungsbetrags (9,3 % Rentenversicherung, 1,2 % Arbeitslosenversicherung, 7,3 % Krankenversicherung, 1,525 % Pflegeversicherung und die Hälfte des Zusatzbeitrags zur KV des Arbeitnehmers). Der Arbeitgeber braucht zwar nur 15 Prozent an die betriebliche Altersversorgungseinrichtung weiterzuleiten, es bleibt ihm aber unbenommen, mit seiner vollen Sozialabgabenersparnis oder mehr die bAV zu erhöhen. Liegt das Gehalt des Arbeitnehmers über der BBG der Krankenversicherung von 4.837,50 Euro und unterhalb der BBG der Rentenversicherung von 7.100 Euro (6.700 Euro neue Bundesländer), beträgt die Sozialversicherungsersparnis 10,5 Prozent des Entgeltumwandlungsbetrags, den der Arbeitgeber zur bAV beizusteuern hat. Diese Regelung gilt ab 2019 für neue Verträge, für alte Verträge ab 2022. Die Sozialversicherungsersparnis kann zu einer leichten Verringerung der Sozialleistungen führen. Je 100 Euro Entgeltumwandlung mindern die gesetzliche Altersrente zurzeit um 8 Cent.

Förderung für Geringverdiener

Damit auch weniger gut verdienende Arbeitnehmer von der Entgeltumwandlung Gebrauch machen können, die keinen oder nur einen sehr geringen Steuervorteil haben, hat der Gesetzgeber einen Förderbetrag eingerichtet (§ 100 EStG). Ein Förderbetrag steht Arbeitgebern zu, die ihren Arbeitnehmern mit einem Bruttogehalt bis zu 2.575 Euro im Monat, einen Zuschuss zur bAV geben. Zahlt der Arbeitgeber zusätzlich zum Gehalt mindestens 240 Euro bis zu 960 Euro im Jahr an einen Pensionsfonds, eine Pensionskasse oder Direktversicherung zum Aufbau einer betrieblichen Altersversorgung, gibt es den Förderbetrag. Der Förderbetrag beträgt 30 Prozent des zusätzlichen Arbeitgeberbeitrags, höchstens 288 Euro (30 Prozent aus 960 Euro). Der Arbeitgeber kann den Förderbetrag von seiner abzuführenden Lohnsteuer abziehen. Für den Arbeitnehmer ist der Zuschuss des Arbeitgebers zur bAV steuer- und sozialabgabenfrei.

Beispiel: Arbeitnehmer alleinstehend Monatsbruttogehalt 2021 bAV-Anlage: Entgeltumwandlung 25 €, Arbeitgeberzuschuss 3,75 € (15 %) Arbeitgeberbeitrag für Geringverdiener 80 € (Höchstbetrag)	2.000,00 € 108,75 €
Nettogehalt vor Entgeltumwandlung	1.432,00 €
Steuer- und Sozialabgabenersparnis durch Entgeltumwandlung mtl. 25 €	10,38 €
Nettogehalt nach Entgeltumwandlung	1.417,38 €
Effektivaufwand des Arbeitnehmers (25 € - Ersparnis 10,65 €)	14,62 €

Krankenversicherungsbeitrag auf Betriebsrenten

Beitragsfrei in der gesetzlichen Kranken- und Pflegeversicherung bleibt eine Betriebsrente bis zu 164,50 Euro im Monat. Von höheren Betriebsrenten zahlt der freiwillig Versicherte in der GKV den vollen Beitragssatz auf die gesamte Rente. Krankenversicherungspflichtige Versicherte zahlen den KV-Beitrag aus der Betriebsrente abzüglich des Freibetrags von 164,50 Euro.

Beispiel: Betriebsrente monatlich 250,00 abzgl. Freibetrag 164,50 €	85,50 €
Krankenversicherungsbeitrag 14,6 % + 1,3 % Zusatzbeitrag von 85,50 €	13,59 €
Pflegeversicherungsbeitrag für Kinderlose 3,30 % von 250,00 €	8,25 €

Steuer- und Sozialabgabenersparnis durch eine Entgeltumwandlung mit Arbeitgeberzuschuss von 15 %

Entgeltumwandlung von 100 Euro im Monat **Alleinstehende** - Steuerklasse I

Monats-brutto-entgelt	bAV Anlage	Nettogehalt 2021 ohne bAV	mit bAV	Steuer-erspar-nis	Sozialvers.-ersparnis bAV	Effektiv-aufwand für bAV	bAV Gesamt-vorteil	Förder-quote in %*
2.000	115,00	1.432,00	1.373,31	21,09	20,22	58,69	56,31	49,0
2.250	115,00	1.577,27	1.519,40	21,91	20,22	57,87	57,13	49,7
2.500	115,00	1.720,37	1.663,44	22,84	20,23	56,93	58,07	50,5
2.750	115,00	1.861,30	1.805,20	23,67	20,23	56,10	58,90	51,2
3.000	115,00	2.000,17	1.944,89	24,50	20,22	55,28	59,72	51,9
3.250	115,00	2.136,85	2.082,40	25,33	20,22	54,45	60,55	52,7
3.500	115,00	2.271,37	2.217,77	26,17	20,23	53,60	61,40	53,4
3.750	115,00	2.403,72	2.351,03	27,08	20,23	52,69	62,31	54,2
4.000	115,00	2.533,92	2.482,06	27,92	20,22	51,86	63,14	54,9
4.250	115,00	2.662,02	2.611,07	28,83	20,22	50,95	64,05	55,7
4.500	115,00	2.787,96	2.737,85	29,66	20,23	50,11	64,89	56,4
4.750	115,00	2.911,72	2.862,45	30,50	20,23	49,27	65,73	57,2
5.000	115,00	3.043,40	2.988,81	34,91	10,50	54,59	60,41	52,5
5.500	115,00	3.309,48	3.257,15	37,17	10,50	52,33	62,67	54,5
6.000	115,00	3.565,65	3.514,90	38,75	10,50	50,75	64,25	55,9
6.500	115,00	3.805,94	3.759,71	43,27	10,50	46,23	68,77	59,8
7.000	115,00	4.036,82	3.990,59	43,27	10,50	46,23	68,77	59,8
7.100	115,00	4.082,96	4.036,82	43,36	10,50	46,14	68,86	59,9

Verheiratete - Steuerklasse III/0

Monats-brutto-entgelt	bAV Anlage	Nettogehalt 2021 ohne bAV	mit bAV	Steuer-erspar-nis	Sozialvers.-ersparnis bAV	Effektiv-aufwand für bAV	bAV Gesamt-vorteil	Förder-quote in %*
2.000	115,00	1.595,50	1.515,72	0,00	20,22	79,78	35,22	30,6
2.250	115,00	1.778,27	1.712,15	13,66	20,22	66,12	48,88	42,5
2.500	115,00	1.939,21	1.875,60	16,16	20,23	63,61	51,39	44,7
2.750	115,00	2.095,64	2.032,70	16,83	20,23	62,94	52,06	45,3
3.000	115,00	2.249,59	2.188,64	18,83	20,22	60,95	54,05	47,0
3.250	115,00	2.399,35	2.339,57	20,00	20,22	59,78	55,22	48,0
3.500	115,00	2.547,96	2.488,69	20,50	20,23	59,27	55,73	48,5
3.750	115,00	2.695,39	2.636,45	20,83	20,23	58,94	56,06	48,7
4.000	115,00	2.841,84	2.783,39	21,33	20,22	58,45	56,55	49,2
4.250	115,00	2.987,10	2.929,15	21,83	20,22	57,95	57,05	49,6
4.500	115,00	3.131,37	3.073,77	22,17	20,23	57,60	57,40	49,9
4.750	115,00	3.274,64	3.217,53	22,66	20,23	57,11	57,89	50,3
5.000	115,00	3.428,23	3.364,40	25,67	10,50	63,83	51,17	44,5
5.500	115,00	3.744,06	3.681,23	26,67	10,50	62,83	52,17	45,4
6.000	115,00	4.054,40	3.992,90	28,00	10,50	61,50	53,50	46,5
6.500	115,00	4.359,56	4.299,06	29,00	10,50	60,50	54,50	47,4
7.000	115,00	4.659,40	4.599,90	30,00	10,50	59,50	55,50	48,3
7.100	115,00	4.718,73	4.659,40	30,17	10,50	59,33	55,67	48,4

* in % der monatlichen bAV-Anlage, bestehend aus der Entgeltumwandlung und dem Arbeitgeberzuschuss.

Für eine Entgeltumwandlung wendet ein alleinstehender Arbeitnehmer mit einem Bruttogehalt von 4.000 € im Monat 100 € auf, sein Arbeitgeber gibt ihm zur bAV seinen Anteil von 15 € dazu. Der Arbeitnehmer zahlt 2021 durch seine Steuer- und Sozialersparnis effektiv nur 51,86 €.

Betriebliche Altersversorgung

Betriebsrenten sind durch den Pensions-Sicherungs-Verein insolvenzgeschützt

Mit dem „Gesetz zur Umsetzung der EU-Mobilitäts-Richtlinie" vom 21. Dezember 2015 wurden das Lebensalter und die Mindestdauer für die Unverfallbarkeit von arbeitgeberfinanzierten Betriebsrentenanwartschaften ab 2018 herabgesetzt. Einem Arbeitnehmer, dem Leistungen aus der bAV zugesagt werden, bleibt die Anwartschaft erhalten, wenn das Arbeitsverhältnis vor Eintritt des Versorgungsfalls, jedoch nach Vollendung des 21. Lebensjahres endet und die Versorgungszusage zu diesem Zeitpunkt mindestens drei Jahre bestanden hat. Eine Benachteiligung eines ausgeschiedenen Mitarbeiters ist ausgeschlossen, wenn die Anwartschaft über einen Pensionsfonds, eine Pensionskasse oder eine Direktversicherung durchgeführt wird und die Erträge auch einem ausgeschiedenen Arbeitnehmer zustehen.

Erteilt der Arbeitgeber seinen Arbeitnehmern eine Direktzusage, kann das Unternehmen Pensionsrückstellungen bilden. Durch die Absenkung der Unverfallbarkeitsfristen wurde das Mindestalter für die Bildung von Pensionsrückstellungen nach § 6a EStG von 27 Jahren auf 23 Jahre gesenkt. Auch für Zuwendungen des Arbeitgebers an eine Unterstützungskasse muss der Leistungsanwärter statt 27 Jahre mindestens 23 Jahre sein, damit die Zuwendungen für die zugesagten Versorgungsleistungen nach § 4d EStG als Betriebsausgaben abzugsfähig sind.

Arbeitgeber, die ihren Mitarbeitern eine betriebliche Altersversorgung in Form einer unmittelbaren Versorgungszusage (Direktzusage) erteilen, zahlen Beiträge an den Pensions-Sicherungs-Verein (PSVaG). Dadurch haben die Arbeitnehmer bei Insolvenz des Arbeitgebers einen Anspruch gegen den PSVaG, der die Betriebsrenten bei Insolvenz weiterzahlt. Die Abwicklung der Rentenzahlungen erfolgt durch ein Konsortium von 49 Lebensversicherungsunternehmen unter der Geschäftsführung der Allianz Lebensversicherungs-AG, Stuttgart.

Im Jahr 2021 ist der Beitragssatz für das Jahr 2020 in Höhe von 4,2 Promille fällig. Der Beitragssatz wird auf die Beitragsbemessungsgrundlage bezogen. Hierbei handelt es sich um die Rückstellungen für Betriebsrenten in der Bilanz des Unternehmens. Im PSVaG sind mehr als 95.000 Mitgliedsunternehmen, die bei einem Volumen an Rückstellungen für Betriebsrenten in Höhe von 348 Mrd. Euro rund 1,5 Mrd. Euro Beiträge zahlen.

Entwicklung des Pensions-Sicherungs-Vereins

Jahr	Mitglieder Anzahl	Beitragssatz in ‰	Beitragsbemessungsgrundlage Mrd. €	Sicherungsfälle Anzahl	Schadenvolumen Mio. €	gemeldete Versorgungsempfänger Anzahl	gemeldete Anwärter mit unverfallbarer Anwartschaft Anzahl
1995	38.573	2,6	163,6	386	489,3	15.228	19.639
2000	39.778	2,1	208,6	442	548,1	14.898	18.467
2005	59.636	4,9	251,0	745	1.234,0	29.326	27.653
2010	83.322	1,9	289,0	679	648,7	9.434	11.346
2015	94.078	2,4	327,0	515	862,0	8.564	10.116
2019	95.250	2,1	348,0	414	1.188,1	4.200	13.700

Mit staatlichen Zulagen geförderte private Altersvorsorge

Seit 2002 wird die private Altersversorgung staatlich gefördert, die unter dem damaligen Bundessozialminister Walter Riester eingeführt und als „Riester-Rente" bekannt wurde. Gefördert wird eine zusätzliche, private, lebenslange Rentenversorgung. Mit der Riester-Rente soll verhindert werden, dass Arbeitnehmer aufgrund des sinkenden Rentenniveaus im Alter in Armut geraten.

Förderung der kapitalgedeckten Altersvorsorge (Riester-Rente)
Die Förderung der Riester-Rente ist im § 10 a EStG festgelegt und besteht aus Zulagen oder, wenn günstiger, aus dem Steuervorteil durch den Abzug der Sparleistung (Eigenleistung und Zulage) als Sonderausgaben bis zu 2.100 Euro plus 60 Euro für den mittelbar zulagenberechtigten Ehepartner (S. 82). Zur weiteren Verbreitung der Riester-Rente wurde die Grundzulage 2018 von 154 Euro auf 175 Euro erhöht.

Grundzulage	Kinderzulage	Sparleistung	Sparhöchstleistung
175 €	vor 2008 geboren 185 € ab 2008 geboren 300 €	4 %*	2.100 € + 60 €**

*des rentenversicherungspflichtigen Vorjahresentgelts, inklusive Zulagen
**für mittelbar zulagenberechtigten Ehepartner

Förderberechtigte, die das 25. Lebensjahr noch nicht vollendet haben, erhalten einmalig eine um 200 Euro erhöhte Grundzulage („Berufseinsteigerbonus").

Die Zulage wird dem „Riester-Vertrag" gutgeschrieben. Der Berechtigte muss einen Eigenbeitrag leisten. Dieser beträgt 4 Prozent seiner rentenversicherungspflichtigen Einnahmen des vorangegangenen Kalenderjahres abzüglich der Zulagen, mindestens jedoch 60 Euro im Jahr. Bei geringerem Eigenbeitrag wird die Zulage entsprechend gekürzt.

Eigenbeitrag, Zulage und zusätzliche Steuerersparnis 2021 bei einer Sparleistung von 4 Prozent

Vorjahresbrutto-entgelt in €		Allein-stehend	Alleinerziehend, 1 Kind geb. vor 2008	nach 2007	Verheiratet kein Kind	Verheiratet, 1 Kind geb. vor 2008	nach 2007
20.000	Eigenbeitrag	625 €	440 €	325 €	510 €	325 €	210 €
	Zulage	175 €	360 €	475 €	350 €	535 €	650 €
	Steuerersparnis	18 €	0 €	0 €	0 €	0 €	0 €
30.000	Eigenbeitrag	1.025 €	840 €	725 €	910 €	725 €	610 €
	Zulage	175 €	360 €	475 €	350 €	535 €	650 €
	Steuerersparnis	155 €	0 €	0 €	0 €	0 €	0 €
40.000	Eigenbeitrag	1.425 €	1.240 €	1.125 €	1.310 €	1.125 €	1.010 €
	Zulage	175 €	360 €	475 €	350 €	535 €	650 €
	Steuerersparnis	319 €	108 €	0 €	54 €	0 €	0 €
50.000	Eigenbeitrag	1.825 €	1.640 €	1.525 €	1.710 €	1.525 €	1.410 €
	Zulage	175 €	360 €	475 €	350 €	535 €	650 €
	Steuerersparnis	509 €	292 €	177 €	184 €	1 €	0 €

Steuerersparnis 2021 bei gleichem Arbeitsentgelt wie im Vorjahr.
Berechnet ist die Steuerersparnis ohne Berücksichtigung von anderweitigen steuerpflichtigen Einkünften wie Einkünfte des Ehegatten, Mieteinnahmen. Der Ehegatte ist als mittelbar Zulagenberechtigter einbezogen.

Der Verbraucher soll auch erkennen, wie chancen- und risikoreich das von ihm gewählte Produkt ist. Die neutrale Produktinformationsstelle in Kaiserslautern ordnet alle Produkte einer sogenannten Chancen-Risiko-Klasse von 1 bis 5 zu. Mit der „Verordnung zur Änderung der Produktinformationsblattverordnung" vom 16. Dezember 2016 wurde der Prozentsatz für die darzustellende Wertentwicklung in der Anspar- und Auszahlphase der Produkte in den Chancen-Risiko-Klassen 1 bis 5 festgelegt.

Alle Anbieter haben ein PIB für einen gleichen Musterkunden zu erstellen, das sie im Internet, wo sie die Produkte bewerben, veröffentlichen müssen.

Selbst genutzte Wohnimmobilie in die geförderte Altersversorgung einbezogen

Wohn-Riester-Verträge finden großen Zuspruch. Nach dem Eigenheimrentengesetz kann der Förderberechtigte eines Riester-Vertrages das geförderte Altersvorsorgekapital zu jedem beliebigen Zeitpunkt in der Ansparphase für den Erwerb, den Bau oder für den barrierefreien Umbau einer selbst genutzten Wohnimmobilie oder zum Erwerb eines lebenslangen Dauerwohnrechts verwenden. Es lässt sich auch zur völligen oder teilweisen Ablösung einer bestehenden Finanzierung verwenden.

- Tilgungsleistungen können steuerlich begünstigt werden, wenn das Darlehen für die Finanzierung einer selbst genutzten Immobilie eingesetzt wird.
- Gefördert wird auch der Erwerb weiterer Genossenschaftsanteile, wenn der Förderberechtigte in der betreffenden Genossenschaft wohnt.
- Der Zulagenberechtigte kann aber auch das geförderte Altersvorsorgekapital für die Entschuldung einer selbst genutzten Wohnimmobilie einsetzen.

Mit der Wohn-Riester-Förderung die selbst genutzte Immobilie finanzieren

Wer mit einem Wohn-Riester-Vertrag ein Hausdarlehen aufnimmt, tilgt sein Darlehen mit staatlicher Förderung. Die monatlichen Rückzahlungsraten in Höhe von jährlich 4 Prozent des Vorjahresbruttoentgelts enthalten die volle staatliche Zulage. Darüber hinaus kann der Eigenbeitrag mit den Zulagen als Sonderausgaben zu einem Steuervorteil führen, der als Sondertilgung verwendet wird. Der Darlehensnehmer spart gegenüber einem vergleichbaren herkömmlichen Immobilienkredit Kreditzinsen, weil er mit der Förderung schneller tilgen kann.

Beispiel: Arbeitnehmer-Ehepaar, Ehemann 35 Jahre, Ehefrau 35 Jahre, 1 Kind geboren 2020.	
Rentenversichertes Vorjahresgehalt des Ehemannes	40.000 €
Rentenversichertes Vorjahresgehalt der Ehefrau	20.000 €
Beide Eheleute schließen jeweils einen Wohn-Riester-Vertrag ab, um das Hausdarlehen zu tilgen.	
In den Wohn-Riester-Vertrag des Ehemannes fließen für 2021	1.600 €
In den Wohn-Riester-Vertrag der Ehefrau fließen für 2021	800 €
Zu der Vorsorge gibt der Staat Zulagen in Höhe von	650 €
(zum Wohn-Riester-Vertrag des Ehemannes und der Ehefrau jeweils 175 € und zum Vertrag des Kindergeldberechtigten 300 € für das nach 2007 geborene Kind)	
Der Eigenaufwand des Ehepaares beträgt für das Jahr 2021	1.750 €
Das Hausdarlehen wird mit den Beträgen des Wohn-Riester-Vertrages getilgt.	

Nimmt das Ehepaar (Beispiel S. 74) ein Darlehen auf, hat es gegenüber einem ungeförderten Immobiliendarlehen durch die Wohn-Riester-Förderung finanzielle Vorteile. Bei einer Darlehensaufnahme in Höhe von 100.000 Euro, mit einem Zins von 3 %, einer Dauer von 30 Jahren und einer monatliche Darlehensrate von 421,61 Euro setzen die Eheleute insgesamt 24.042 Euro an staatlichen Zulagen und Steuervorteilen zur Tilgung des Darlehens ein. Sie können dadurch die Dauer des Darlehens um 83 Monate verkürzen, wodurch sie 36.426 Euro Zins- und Tilgungsbeträge einsparen. Im Alter ist zwar das „Wohnförderkonto" zu versteuern, dennoch bleibt ihnen ein beachtlicher Vorteil.

Wohnförderkonto
Während bei der allgemeinen Riester-Rente die Besteuerung der Rente bei Beginn der Rentenzahlung einsetzt, wird bei der „Wohn-Riester-Förderung" ein fiktives „Wohnförderkonto" angelegt. Auf diesem Konto werden der Betrag der staatlich geförderten Tilgungsleistungen und die Zulagen am Ende des Jahres um 2 Prozent erhöht. Am Ende der Auszahlungsphase ist der fiktiv angesammelte Betrag zu versteuern.

Beispiel: Die Tilgung für das Hausdarlehen erfolgt 30 Jahre aus der Wohn-Riester-Förderung. Der Besteuerung unterliegt der fiktive Betrag auf dem Wohnförderkonto: 30 Jahre Tilgungsbeträge	
Eigenaufwand und Zulage je Jahr 1.600 € insgesamt	48.000 €
Erhöhungsbetrag 2 % pro Jahr, insgesamt	18.207 €
Zu versteuernder fiktiver Betrag	66.207 €

Es ist dem Geförderten freigestellt, die Besteuerung jährlich oder in einer Summe vorzunehmen. Bei der jährlichen Besteuerung ist das auf dem Wohnförderkonto errechnete Kapital bis zum 85. Lebensjahr des Geförderten gleichmäßig zu verteilen und der Teilbetrag zu versteuern. Bei Wahl der einmaligen Besteuerung sind 70 Prozent des fiktiven Gesamtbetrags zu versteuern.

Beispiel: Wahl der einmaligen Besteuerung	
Der Geförderte versteuert nach der vereinbarten Dauer von 30 Jahren 70 % des fiktiven Gesamtbetrags von 66.207 €	46.344 €
Dieser Betrag ist den anderen steuerpflichtigen Einkünften hinzuzurechnen.	
Beispiel: Wahl der jährlichen Besteuerung	
Der Arbeitnehmer ist am Ende der Vertragsdauer 65 Jahre alt. Der fiktive Gesamtbetrag von 66.207 € wird auf die Zeit bis zur Vollendung des 85. Lebensjahres (21 Jahre) aufgeteilt und ergibt einen jährlich zu versteuernden Betrag von	3.152 €

Wenn ein Zulagenberechtigter sein angespartes Kapital aus einem Wohn-Riester-Vertrag für andere Zwecke als dem Erwerb einer selbst genutzten Immobilie entnehmen möchte, müssen die Zulagen zurückgezahlt werden und der vom Fiskus direkt dem Steuerpflichtigen gezahlte Steuervorteil unterliegt der Abgeltungsteuer. Die staatliche Förderung bleibt dem Geförderten erhalten, wenn innerhalb eines Jahres die Fördersumme in einen Riester-Rentenvertrag fließt oder die Investition in eine andere selbst bewohnte Immobilie innerhalb von vier Jahren erfolgt oder ein Wohnrecht im Seniorenstift geschaffen wird.

Steuerersparnis durch Aufwendungen für die Basis-Rente

Nachdem die Abzugsmöglichkeit von Beiträgen für eine zusätzliche Altersversorgung (Basis-Rente) durch die Anhebung der Höchstbeträge nachgebessert wurde, ist der Anreiz größer, sich mit der Förderung des Staates eine zusätzliche private Altersrente zu schaffen.

Bei der Basis-Rente wächst der Steuervorteil wegen der steigenden Absetzbarkeit des Aufwandes. Ab 2025 ist der Altersvorsorgeaufwand nach § 10 EStG voll absetzbar. Je höher das zu versteuernde Einkommen, desto größer der Steuervorteil. Solange der Solidaritätszuschlag erhoben wird, verbessert dieser den Steuervorteil.

Steuerersparnis 2021, 2022, 2023 und ab 2025
Altersvorsorgeaufwand zur Basis-Rente von 3.000 € im Jahr

Alleinstehende (Grundtabelle)					Verheiratete (Splittingtabelle)				
Zu versteuerndes Einkommen	Steuerersparnis (€)				Zu versteuerndes Einkommen	Steuerersparnis (€)			
	2021	2022	2023	2025		2021	2022	2023	2025
32.000	845,00	858,00	876,00	912,00	32.000	668,00	680,00	694,00	722,00
34.000	868,00	882,00	900,00	937,00	34.000	680,00	692,00	706,00	736,00
36.000	890,00	905,00	924,00	962,00	36.000	692,00	704,00	718,00	748,00
38.000	913,00	929,00	948,00	987,00	38.000	702,00	716,00	732,00	762,00
40.000	936,00	952,00	972,00	1.011,00	40.000	714,00	726,00	742,00	772,00
42.000	960,00	975,00	996,00	1.036,00	42.000	724,00	738,00	754,00	786,00
44.000	982,00	998,00	1.019,00	1.061,00	44.000	736,00	750,00	766,00	798,00
46.000	1.006,00	1.021,00	1.042,00	1.085,00	46.000	748,00	762,00	778,00	810,00
48.000	1.029,00	1.045,00	1.067,00	1.110,00	48.000	762,00	774,00	790,00	822,00
50.000	1.052,00	1.067,00	1.090,00	1.134,00	50.000	772,00	786,00	802,00	834,00
55.000	1.110,00	1.127,00	1.150,00	1.197,00	55.000	800,00	814,00	832,00	866,00
60.000	1.158,00	1.180,00	1.205,00	1.255,00	60.000	830,00	844,00	860,00	896,00
65.000	1.296,92	1.312,04	1.338,04	1.388,04	65.000	858,00	872,00	892,00	928,00
70.000	1.296,92	1.324,90	1.353,99	1.409,94	70.000	888,00	900,00	920,00	958,00
75.000	1.296,92	1.324,90	1.353,99	1.409,94	75.000	916,00	932,00	950,00	990,00
80.000	1.296,92	1.324,90	1.353,99	1.409,94	80.000	944,00	960,00	980,00	1.020,00
85.000	1.296,92	1.324,90	1.353,99	1.409,94	85.000	972,00	990,00	1.010,00	1.052,00
90.000	1.296,92	1.324,90	1.353,99	1.409,94	90.000	1002,00	1.018,00	1.040,00	1.084,00
95.000	1.296,92	1.324,90	1.353,99	1.409,94	95.000	1032,00	1.046,00	1.068,00	1.114,00
100.000	1.222,74	1.249,12	1.276,91	1.332,86	100.000	1060,00	1.076,00	1.098,00	1.144,00
110.000	1.222,74	1.249,12	1.276,55	1.329,30	110.000	1118,00	1.136,00	1.160,00	1.206,00
120.000	1.222,74	1.249,12	1.276,55	1.329,30	120.000	1160,00	1.184,00	1.210,00	1.260,00
130.000	1.222,74	1.249,12	1.276,55	1.329,30	130.000	1298,04	1.324,89	1.353,99	1.409,94
140.000	1.222,74	1.249,12	1.276,55	1.329,30	140.000	1298,04	1.324,89	1.353,99	1.409,94
150.000	1.222,74	1.249,12	1.276,55	1.329,30	150.000	1298,04	1.324,89	1.353,99	1.409,94

Steuerersparnis nach Steuertarif 2021, ab 2022 nach Steuertarif 2022; die Einsparung vom Solidaritätszuschlag ist bei einem zu versteuernden Einkommen über 62.127 € (Alleinstehende), 124.256 € (Verheiratete) eingeschlossen.

Der Aufwand zur steuerbegünstigten Altersvorsorge (Basis-Rente) nach § 10 Nr. 2b EStG sind Sonderausgaben, die das zu versteuernde Einkommen in den Jahren 2021 zu 92 %, 2022 zu 94 %, 2023 zu 96 % und ab 2025 zu 100 % des Aufwands mindern.

Einkommensteuertarif 2021

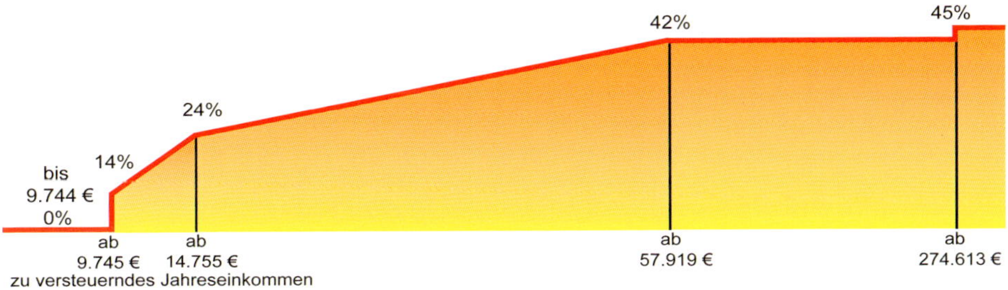

Einkommensteuertarif	2016	2017	2018	2019	2020	2021	2022
Grundfreibetrag	8.652 €	8.820 €	9.000 €	9.168 €	9.408 €	9.744 €	9.984 €
Eingangssteuersatz	14 %	14 %	14 %	14 %	14 %	14 %	14 %
Spitzensteuersatz zu verst. Einkommen[1]	42 % 53.666 €	42 % 54.058 €	42 % 54.950 €	42 % 55.961 €	42 % 57.052 €	42 % 57.919 €	42 % 58.597 €
„Reichensteuersatz“ zu verst. Einkommen[1]	45 % 254.447 €	45 % 256.304 €	45 % 260.533 €	45 % 265.327 €	45 % 270.501 €	45 % 274.613 €	45 % 277.826 €
Kinderfreibetrag[2]	7.248 €	7.356 €	7.356 €	7.620 €	7.812 €	8.388 €	8.388 €
Entlastungsbetrag für Alleinerziehende[3]	1.908 €	1.908 €	1.908 €	1.908 €	4.008 €	4.008 €	4.008 €

Kirchensteuer 9 %, in Baden-Württemberg und Bayern 8 % der Einkommensteuer.

1) Für Ehegatten verdoppeln sich die Beträge.

2) Der angegebene Kinderfreibetrag gilt für Ehegatten, die zusammen zur Einkommensteuer veranlagt sind und für Steuerpflichtige, die das Kind allein angenommen haben; ansonsten beträgt der Kinderfreibetrag die Hälfte.

3) Der Entlastungsbetrag für Alleinerziehende steigt für das zweite und jedes weitere Kind um je 240 Euro.

Solidaritätszuschlag

Der Solidaritätszuschlag wird erhoben, wenn die Einkommensteuer nach der Grundtabelle 16.956 €, nach der Splittingtabelle 33.512 € bzw. die Monats-Lohnsteuer in der Steuerklasse III 2.826 €, in den anderen Steuerklassen 1.413 € übersteigt. Der SolZ beträgt 5,5 Prozent der Lohn-/Einkommensteuer, höchstens 11,9 Prozent der Differenz zwischen der Lohn-/Einkommensteuer und der Freigrenze.

Freibetrag für Kinder (§ 32 Abs. 6 EStG)

Der Kinderfreibetrag wird bei der Lohnsteuerberechnung nicht berücksichtigt. Bei der Einkommensteuerveranlagung ist der Kinderfreibetrag anzusetzen, wenn die steuerliche Entlastung durch den Freibetrag höher ist als das Kindergeld. Beim Solidaritätszuschlag und der Kirchensteuer wird der Kinderfreibetrag grundsätzlich berücksichtigt. Für ein Kind zwischen 18 und 25 Jahren wird das Kindergeld bzw. der Kinderfreibetrag nur gewährt, wenn das Kind nach Abschluss einer Berufsausbildung oder eines Erststudiums keiner mehr als geringfügigen Erwerbstätigkeit nachgeht.

Kindergeld

Das Kindergeld wurde zum 1. Januar 2021 um 15 € pro Kind angehoben.

Kindergeld für	1. Kind	2. Kind	3. Kind	4. Kind	jedes weitere Kind
2020	204 €	204 €	210 €	235 €	235 €
2021	219 €	219 €	225 €	250 €	250 €

Einkommensteuer 2021

Grundtabelle für Alleinstehende

Zu versteuerndes Einkommen in €	EKSt in €	SolZ	Steuerbelastung in % [1]	Entlastung EKSt/SolZ 2021 / 2020	Entlastung nur SolZ 2021 / 2020	Grenzsteuersatz in %	Steuerersparnis in € [2]
10.000	36	-	0,4	50,00	-	14,51	36,00
10.500	111	-	1,1	53,00	-	15,50	111,00
11.000	191	-	1,7	56,00	-	16,50	155,00
11.500	276	-	2,4	59,00	-	17,49	165,00
12.000	366	-	3,1	62,00	-	18,49	175,00
12.500	461	-	3,7	64,00	-	19,48	185,00
13.000	561	-	4,3	67,00	-	20,48	195,00
13.500	666	-	4,9	69,00	-	21,48	205,00
14.000	776	-	5,5	72,00	-	22,47	215,00
14.500	890	-	6,1	75,00	-	23,47	224,00
15.000	1.010	-	6,7	97,60	22,60	24,07	234,00
15.500	1.131	-	7,3	121,80	46,80	24,28	241,00
16.000	1.253	-	7,8	147,40	71,40	24,49	243,00
16.500	1.376	-	8,3	155,86	79,86	24,70	245,00
17.000	1.500	-	8,8	163,73	86,73	24,91	247,00
17.500	1.625	-	9,3	170,61	93,61	25,12	249,00
18.000	1.751	-	9,7	178,59	100,59	25,33	251,00
18.500	1.878	-	10,2	186,63	107,63	25,53	253,00
19.000	2.006	-	10,6	194,73	114,73	25,74	255,00
19.500	2.135	-	10,9	201,82	121,82	25,95	257,00
20.000	2.266	-	11,3	209,03	129,03	26,16	260,00
20.500	2.397	-	11,7	217,29	136,29	26,37	262,00
21.000	2.529	-	12,0	225,60	143,60	26,58	263,00
21.500	2.663	-	12,4	232,97	150,97	26,79	266,00
22.000	2.797	-	12,7	242,45	158,45	27,00	268,00
22.500	2.933	-	13,0	249,93	165,93	27,21	270,00
23.000	3.069	-	13,3	258,47	173,47	27,41	272,00
23.500	3.207	-	13,6	266,06	181,06	27,62	274,00
24.000	3.346	-	13,9	274,76	188,76	27,83	277,00
24.500	3.485	-	14,2	283,46	196,46	28,04	278,00
25.000	3.626	-	14,5	292,27	204,27	28,25	280,00
25.500	3.768	-	14,8	300,08	212,08	28,46	283,00
26.000	3.911	-	15,0	309,00	220,00	28,67	285,00
26.500	4.054	-	15,3	318,97	227,97	28,88	286,00
27.000	4.199	-	15,6	326,95	235,95	29,09	288,00
27.500	4.345	-	15,8	336,03	244,03	29,29	291,00
28.000	4.492	-	16,0	345,17	252,17	29,50	293,00
28.500	4.640	-	16,3	354,37	260,37	29,71	295,00
29.000	4.789	-	16,5	363,62	268,62	29,92	297,00
29.500	4.940	-	16,7	371,92	276,92	30,13	300,00
30.000	5.091	-	17,0	381,28	285,28	30,34	302,00
30.500	5.243	-	17,2	390,70	293,70	30,55	303,00
31.000	5.396	-	17,4	401,22	302,22	30,76	305,00
31.500	5.550	-	17,6	410,75	310,75	30,97	307,00
32.000	5.706	-	17,8	419,33	319,33	31,17	310,00
32.500	5.862	-	18,0	430,02	328,02	31,38	312,00
33.000	6.020	-	18,2	438,71	336,71	31,59	314,00
33.500	6.178	-	18,4	449,51	345,51	31,80	316,00
34.000	6.338	-	18,6	458,31	354,31	32,01	318,00
34.500	6.498	-	18,8	469,22	363,22	32,22	320,00

[1] Steuer für den letzten Euro der Einkommensspitze
[2] Steuerersparnis für einen steuermindernden Aufwand von 1.000 Euro.

Grundtabelle für Alleinstehende

Einkommensteuer 2021

Zu versteuerndes Einkommen in €	EKSt in €	SolZ	Steuer-belastung in % [1]	Entlastung EKSt /SolZ 2021 / 2020	Entlastung nur SolZ 2021 / 2020	Grenz-steuersatz in %	Steuer-ersparnis in € [2]
35.000	6.660	-	19,0	479,18	372,18	32,43	322,00
35.500	6.822	-	19,2	489,15	381,15	32,64	324,00
36.000	6.986	-	19,4	499,22	390,22	32,84	326,00
36.500	7.151	-	19,6	509,35	399,35	33,05	329,00
37.000	7.317	-	19,8	519,54	408,54	33,26	331,00
37.500	7.484	-	20,0	529,78	417,78	33,47	333,00
38.000	7.651	-	20,1	541,07	427,07	33,68	334,00
38.500	7.820	-	20,3	551,42	436,42	33,89	336,00
39.000	7.990	-	20,5	562,88	445,88	34,10	339,00
39.500	8.161	-	20,7	573,34	455,34	34,31	341,00
40.000	8.333	-	20,8	583,86	464,86	34,52	343,00
40.500	8.506	-	21,0	595,48	474,48	34,72	345,00
41.000	8.681	-	21,2	605,11	484,11	34,93	348,00
41.500	8.856	-	21,3	615,79	493,79	35,14	350,00
42.000	9.032	-	21,5	627,58	503,58	35,35	351,00
42.500	9.209	-	21,7	639,42	513,42	35,56	353,00
43.000	9.388	-	21,8	649,27	523,27	35,77	356,00
43.500	9.567	-	22,0	661,22	533,22	35,98	358,00
44.000	9.747	-	22,2	673,23	543,23	36,19	359,00
44.500	9.929	-	22,3	684,30	553,30	36,40	362,00
45.000	10.111	-	22,5	696,42	563,42	36,60	364,00
45.500	10.295	-	22,6	707,59	573,59	36,81	366,00
46.000	10.480	-	22,8	718,82	583,82	37,02	369,00
46.500	10.665	-	22,9	731,11	594,11	37,23	370,00
47.000	10.852	-	23,1	742,45	604,45	37,44	372,00
47.500	11.040	-	23,2	753,84	614,84	37,65	375,00
48.000	11.228	-	23,4	766,29	625,29	37,86	376,00
48.500	11.418	-	23,5	778,85	635,85	38,07	378,00
49.000	11.609	-	23,7	790,41	646,41	38,27	381,00
49.500	11.801	-	23,8	803,08	657,08	38,48	383,00
50.000	11.994	-	24,0	814,75	667,75	38,69	385,00
51.000	12.383	-	24,3	839,31	689,31	39,11	389,00
52.000	12.776	-	24,6	865,15	711,15	39,53	393,00
53.000	13.173	-	24,9	891,20	733,20	39,95	397,00
54.000	13.575	-	25,1	915,42	755,42	40,36	402,00
55.000	13.981	-	25,4	941,97	777,97	40,78	406,00
56.000	14.391	-	25,7	967,69	800,69	41,20	410,00
57.000	14.805	-	26,0	994,68	823,68	41,62	414,00
58.000	15.223	-	26,2	1.019,78	846,78	42,00	418,00
59.000	15.643	-	26,5	1.042,88	869,88	42,00	420,00
60.000	16.063	-	26,8	1.065,98	892,98	42,00	420,00
65.000	18.163	143,63	28,2	1.037,85	864,85	42,00	469,98
70.000	20.263	393,53	29,5	903,45	730,45	42,00	469,98
75.000	22.363	643,43	30,7	769,05	596,05	42,00	469,98
80.000	24.463	893,33	31,7	634,65	461,65	42,00	469,98
85.000	26.563	1.143,23	32,6	500,25	327,25	42,00	469,98
90.000	28.663	1.393,13	33,4	365,85	192,85	42,00	469,98
100.000	32.863	1.807,46	34,7	182,52	9,52	42,00	443,10
120.000	41.263	2.269,46	36,3	182,52	9,52	42,00	443,10
130.000	45.463	2.500,46	36,9	182,52	9,52	42,00	443,10

1) Steuer für den letzten Euro der Einkommensspitze

2) Steuerersparnis für einen steuermindernden Aufwand von 1.000 Euro.

Einkommensteuer 2021

Splittingtabelle für Verheiratete

Zu versteuerndes Einkommen in €	EKSt in €	SolZ	Steuerbelastung in % [1]	Entlastung EKSt/SolZ 2021 / 2020	Entlastung nur SolZ 2021 / 2020	Grenzsteuersatz in %	Steuerersparnis in € [2]
20.000	72	-	0,4	100,00	-	14,51	72,00
21.000	222	-	1,1	106,00	-	15,50	150,00
22.000	382	-	1,7	112,00	-	16,50	160,00
23.000	552	-	2,4	118,00	-	17,49	170,00
24.000	732	-	3,1	124,00	-	18,49	180,00
25.000	922	-	3,7	128,00	-	19,49	190,00
26.000	1.122	-	4,3	134,00	-	20,48	200,00
27.000	1.332	-	4,9	138,00	-	21,48	210,00
28.000	1.552	-	5,5	144,00	-	22,47	220,00
29.000	1.780	-	6,1	150,00	-	23,47	228,00
30.000	2.020	-	6,7	195,20	45,20	24,07	240,00
31.000	2.262	-	7,3	243,60	93,60	24,28	242,00
32.000	2.506	-	7,8	294,80	142,80	24,49	244,00
33.000	2.752	-	8,3	311,72	159,72	24,70	246,00
34.000	3.000	-	8,8	327,47	173,47	24,91	248,00
35.000	3.250	-	9,3	341,22	187,22	25,12	250,00
36.000	3.502	-	9,7	357,19	201,19	25,33	252,00
37.000	3.756	-	10,2	373,27	215,27	25,54	254,00
38.000	4.012	-	10,6	389,46	229,46	25,74	256,00
39.000	4.270	-	10,9	403,65	243,65	25,95	258,00
40.000	4.532	-	11,3	418,06	258,06	26,16	262,00
41.000	4.794	-	11,7	434,58	272,58	26,37	262,00
42.000	5.058	-	12,0	451,21	287,21	26,58	264,00
43.000	5.326	-	12,4	465,95	301,95	26,79	268,00
44.000	5.594	-	12,7	484,91	316,91	27,00	268,00
45.000	5.866	-	13,0	499,87	331,87	27,21	272,00
46.000	6.138	-	13,3	516,94	346,94	27,41	272,00
47.000	6.414	-	13,6	532,12	362,12	27,62	276,00
48.000	6.692	-	13,9	549,52	377,52	27,83	278,00
49.000	6.970	-	14,2	566,92	392,92	28,04	278,00
50.000	7.252	-	14,5	584,54	408,54	28,25	282,00
51.000	7.536	-	14,8	600,16	424,16	28,46	284,00
52.000	7.822	-	15,0	618,00	440,00	28,67	286,00
53.000	8.108	-	15,3	637,95	455,95	28,88	286,00
54.000	8.398	-	15,6	653,90	471,90	29,09	290,00
55.000	8.690	-	15,8	672,07	488,07	29,29	292,00
56.000	8.984	-	16,0	690,35	504,35	29,50	294,00
57.000	9.280	-	16,3	708,74	520,74	29,71	296,00
58.000	9.578	-	16,5	727,24	537,24	29,92	298,00
59.000	9.880	-	16,7	743,85	553,85	30,13	302,00
60.000	10.182	-	17,0	762,57	570,57	30,34	302,00
61.000	10.486	-	17,2	781,40	587,40	30,55	304,00
62.000	10.792	-	17,4	802,45	604,45	30,76	306,00
63.000	11.100	-	17,6	821,50	621,50	30,97	308,00
64.000	11.412	-	17,8	838,66	638,66	31,17	312,00
65.000	11.724	-	18,0	860,04	656,04	31,38	312,00
66.000	12.040	-	18,2	877,42	673,42	31,59	316,00
67.000	12.356	-	18,4	899,02	691,02	31,80	316,00
68.000	12.676	-	18,6	916,62	708,62	32,01	320,00
69.000	12.996	-	18,8	938,44	726,44	32,22	320,00

1) Steuer für den letzten Euro der Einkommensspitze

2) Steuerersparnis für einen steuermindernden Aufwand von 1.000 Euro.

Splittingtabelle für Verheiratete

Einkommensteuer 2021

Zu versteuerndes Einkommen in €	EKSt in €	SolZ	Steuer-belastung in % [1]	Entlastung EKSt/SolZ 2021 / 2020	Entlastung nur SolZ 2021 / 2020	Grenz-steuersatz in %	Steuer-ersparnis in € [2]
70.000	13.320	-	19,0	958,37	744,37	32,43	324,00
71.000	13.644	-	19,2	978,30	762,30	32,64	324,00
72.000	13.972	-	19,4	998,45	780,45	32,84	328,00
73.000	14.302	-	19,6	1.018,71	798,71	33,05	330,00
74.000	14.634	-	19,8	1.039,08	817,08	33,26	332,00
75.000	14.968	-	20,0	1.059,56	835,56	33,47	334,00
76.000	15.302	-	20,1	1.082,15	854,15	33,68	334,00
77.000	15.640	-	20,3	1.102,85	872,85	33,89	338,00
78.000	15.980	-	20,5	1.125,77	891,77	34,10	340,00
79.000	16.322	-	20,7	1.146,69	910,69	34,31	342,00
80.000	16.666	-	20,8	1.167,72	929,72	34,52	344,00
81.000	17.012	-	21,0	1.190,97	948,97	34,72	346,00
82.000	17.362	-	21,2	1.210,22	968,22	34,93	350,00
83.000	17.712	-	21,3	1.231,58	987,58	35,14	350,00
84.000	18.064	-	21,5	1.255,16	1.007,16	35,35	352,00
85.000	18.418	-	21,7	1.278,85	1.026,85	35,56	354,00
86.000	18.776	-	21,8	1.298,54	1.046,54	35,77	358,00
87.000	19.134	-	22,0	1.322,45	1.066,45	35,98	358,00
88.000	19.494	-	22,2	1.346,47	1.086,47	36,19	360,00
89.000	19.858	-	22,3	1.368,60	1.106,60	36,40	364,00
90.000	20.222	-	22,5	1.392,84	1.126,84	36,60	364,00
91.000	20.590	-	22,6	1.415,19	1.147,19	36,81	368,00
92.000	20.960	-	22,8	1.437,65	1.167,65	37,02	370,00
93.000	21.330	-	22,9	1.462,22	1.188,22	37,23	370,00
94.000	21.704	-	23,1	1.484,90	1.208,90	37,44	374,00
95.000	22.080	-	23,2	1.507,69	1.229,69	37,65	376,00
96.000	22.456	-	23,4	1.532,59	1.250,59	37,86	376,00
97.000	22.836	-	23,5	1.557,71	1.271,71	38,07	380,00
98.000	23.218	-	23,7	1.580,83	1.292,83	38,27	382,00
99.000	23.602	-	23,8	1.606,17	1.314,17	38,48	384,00
100.000	23.988	-	24,0	1.629,51	1.335,51	38,69	386,00
105.000	25.948	-	24,7	1.756,30	1.444,30	39,74	396,00
110.000	27.962	-	25,4	1.883,95	1.555,95	40,78	408,00
115.000	30.026	-	26,1	2.016,46	1.670,46	41,83	416,00
120.000	32.126	-	26,8	2.131,96	1.785,96	42,00	420,00
125.000	34.226	37,36	27,4	2.210,10	1.864,10	42,00	457,36
130.000	36.326	287,26	28,2	2.075,70	1.729,70	42,00	469,98
135.000	38.426	537,16	28,9	1.941,30	1.595,30	42,00	469,98
140.000	40.526	787,06	29,5	1.806,90	1.460,90	42,00	469,98
145.000	42.626	1.036,96	30,1	1.672,50	1.326,50	42,00	469,98
150.000	44.726	1.286,86	30,7	1.538,10	1.192,10	42,00	469,98
160.000	48.926	1.786,66	31,7	1.269,30	923,30	42,00	469,98
170.000	53.126	2.286,46	32,6	1.000,50	654,50	42,00	469,98
180.000	57.326	2.786,26	33,4	731,70	385,70	42,00	469,98
190.000	61.526	3.286,06	34,1	462,90	116,90	42,00	469,98
200.000	65.726	3.614,93	34,7	365,03	19,03	42,00	443,10
225.000	76.226	4.192,43	35,7	365,03	19,03	42,00	443,10
250.000	86.726	4.769,93	36,6	365,03	19,03	42,00	443,10
275.000	97.226	5.347,43	37,3	365,03	19,03	42,00	443,10
300.000	107.726	5.924,93	37,9	365,03	19,03	42,00	443,10

1) Steuer für den letzten Euro der Einkommensspitze
2) Steuerersparnis für einen steuermindernden Aufwand von 1.000 Euro.

Nettoentgelte 2021

Alleinstehende Steuerkl. I und **Verheiratete** Steuerkl. IV

Monats-brutto-entgelt in €	Lohn-steuer inkl. SolZ	davon Soli-daritäts-zuschlag	Sozialvers.-beiträge	Netto-entgelt 2021	Netto-entgelt in % vom Brutto	Nettoplus gegenüber 2020
1.500	58,33	0,00	303,38	1.138,29	75,9	5,58
1.600	79,41	0,00	323,60	1.196,99	74,8	7,28
1.700	101,25	0,00	343,83	1.254,92	73,8	12,34
1.800	121,66	0,00	364,05	1.314,29	73,0	13,85
1.900	142,41	0,00	384,28	1.373,31	72,3	15,16
2.000	163,50	0,00	404,50	1.432,00	71,6	16,48
2.100	184,91	0,00	424,73	1.490,36	71,0	17,82
2.200	206,66	0,00	444,95	1.548,39	70,4	19,28
2.300	228,75	0,00	465,18	1.606,07	69,8	20,65
2.400	251,16	0,00	485,40	1.663,44	69,3	22,14
2.500	274,00	0,00	505,63	1.720,37	68,8	23,55
2.600	297,16	0,00	525,85	1.776,99	68,3	25,08
2.700	320,58	0,00	546,08	1.833,34	67,9	26,62
2.800	344,41	0,00	566,30	1.889,29	67,5	28,19
2.900	368,58	0,00	586,53	1.944,89	67,1	29,76
3.000	393,08	0,00	606,75	2.000,17	66,7	31,36
3.200	443,16	0,00	647,20	2.109,64	65,9	34,72
3.400	494,58	0,00	687,65	2.217,77	65,2	38,12
3.600	547,33	0,00	728,10	2.324,57	64,6	41,71
3.800	601,50	0,00	768,55	2.429,95	63,9	45,37
4.000	657,08	0,00	809,00	2.533,92	63,3	49,10
4.200	714,00	0,00	849,45	2.636,55	62,8	53,00
4.400	772,25	0,00	889,90	2.737,85	62,2	57,06
4.600	831,91	0,00	930,35	2.837,74	61,7	61,11
4.800	892,91	0,00	970,80	2.936,29	61,2	58,71
5.000	961,16	0,00	995,44	3.043,40	60,9	61,46
5.200	1.032,50	0,00	1.016,44	3.151,06	60,6	66,69
5.400	1.105,41	0,00	1.037,44	3.257,15	60,3	72,03
5.600	1.180,16	0,00	1.058,44	3.361,40	60,0	77,46
5.800	1.256,50	0,00	1.079,44	3.464,06	59,7	82,97
6.000	1.333,91	0,00	1.100,44	3.565,65	59,4	87,50
6.200	1.411,33	0,00	1.121,44	3.667,23	59,1	92,19
6.400	1.497,85	9,02	1.142,44	3.759,71	58,7	87,61
6.600	1.584,48	18,23	1.163,44	3.852,08	58,4	83,10
6.800	1.671,10	27,44	1.184,44	3.944,46	58,0	78,50
7.000	1.757,74	36,66	1.205,44	4.036,82	57,7	66,65
7.200	1.848,10	46,27	1.215,94	4.135,96	57,4	54,41
7.400	1.942,09	56,26	1.215,94	4.241,97	57,3	49,04
7.600	2.036,09	66,26	1.215,94	4.347,97	57,2	43,66
7.800	2.130,08	76,25	1.215,94	4.453,98	57,1	38,29
8.000	2.224,08	86,25	1.215,94	4.559,98	57,0	32,91

Neue Bundesländer

7.000	1.768,74	37,83	1.173,94	4.057,32	58,0	54,75
8.000	2.238,72	87,81	1.173,94	4.587,34	57,3	27,87

In den neuen Ländern abweichende Lohnsteuer und Sozialversicherungsbeiträge über 6.700 €.

Alleinerziehende, 1 Kind Steuerklasse II/0,5 **Nettoentgelte 2021**

Monats-brutto-entgelt in €	Lohn-steuer inkl. SolZ	davon Soli-daritäts-zuschlag	Sozialvers.-beiträge	Netto-entgelt 2021	Netto-entgelt in % vom Brutto	Nettoplus gegenüber 2020
1.500	0,00	0,00	299,63	1.419,37	94,6	17,16
1.600	12,58	0,00	319,60	1.486,82	92,9	18,98
1.700	28,41	0,00	339,58	1.551,01	91,2	19,55
1.800	44,83	0,00	359,55	1.614,62	89,7	20,45
1.900	62,41	0,00	379,53	1.677,06	88,3	21,10
2.000	81,75	0,00	399,50	1.737,75	86,9	21,50
2.100	101,83	0,00	419,48	1.797,69	85,6	21,65
2.200	122,33	0,00	439,45	1.857,22	84,4	21,80
2.300	143,08	0,00	459,43	1.916,49	83,3	21,95
2.400	164,25	0,00	479,40	1.975,35	82,3	24,35
2.500	185,75	0,00	499,38	2.033,87	81,4	28,52
2.600	207,58	0,00	519,35	2.092,07	80,5	29,81
2.700	229,75	0,00	539,33	2.149,92	79,6	31,20
2.800	252,33	0,00	559,30	2.207,37	78,8	32,54
2.900	275,16	0,00	579,28	2.264,56	78,1	33,97
3.000	298,41	0,00	599,25	2.321,34	77,4	35,43
3.200	345,91	0,00	639,20	2.433,89	76,1	38,39
3.400	394,75	0,00	679,15	2.545,10	74,9	41,42
3.600	445,00	0,00	719,10	2.654,90	73,7	44,62
3.800	496,58	0,00	759,05	2.763,37	72,7	48,00
4.000	549,66	0,00	799,00	2.870,34	71,8	51,35
4.200	604,00	0,00	838,95	2.976,05	70,9	54,95
4.400	659,75	0,00	878,90	3.080,35	70,0	58,63
4.600	717,00	0,00	918,85	3.183,15	69,2	62,31
4.800	775,50	0,00	958,80	3.284,70	68,4	59,54
5.000	840,83	0,00	983,35	3.394,82	67,9	61,97
5.200	909,16	0,00	1.004,35	3.505,49	67,4	66,71
5.400	979,16	0,00	1.025,35	3.614,49	66,9	71,70
5.600	1.050,83	0,00	1.046,35	3.721,82	66,5	76,79
5.800	1.124,25	0,00	1.067,35	3.827,40	66,0	82,06
6.000	1.199,41	0,00	1.088,35	3.931,24	65,5	87,35
6.200	1.276,16	0,00	1.109,35	4.033,49	65,1	92,40
6.400	1.353,58	0,00	1.130,35	4.135,07	64,6	96,96
6.600	1.431,08	0,00	1.151,35	4.236,57	64,2	101,49
6.800	1.508,50	0,00	1.172,35	4.338,15	63,8	106,10
7.000	1.589,02	3,11	1.193,35	4.436,63	63,4	100,43
7.200	1.679,37	12,71	1.203,85	4.535,78	63,0	88,20
7.400	1.773,36	22,70	1.203,85	4.641,79	62,7	82,83
7.600	1.867,36	32,70	1.203,85	4.747,79	62,5	77,45
7.800	1.961,36	42,70	1.203,85	4.853,79	62,2	72,07
8.000	2.055,35	52,69	1.203,85	4.959,80	62,0	66,70

219 € Kindergeld für ein Kind im Nettoentgelt enthalten.

Berücksichtigte Sozialabgaben: 9,3 % zur gesetzl. Rentenversicherung, 1,2 % zur Arbeitslosenversicherung, 7,3 % mit 0,65 % Zusatzbeitrag zur Krankenversicherung, 1,525 % zur sozialen Pflegeversicherung (Kinderlose 1,775 %) bis zu den Beitragsbemessungsgrenzen:
Renten- und Arbeitslosenversicherung 7.100 € alte Bundesländer, 6.700 € neue Bundesländer;
Kranken- und Pflegeversicherung 4.837,50 € im gesamten Bundesgebiet.

Nettoentgelte 2021

Verheiratete Steuerklasse III/0

Monats-brutto-entgelt in €	Lohn-steuer inkl. SolZ	davon Soli-daritäts-zuschlag	Sozialvers.-beiträge	Netto-entgelt 2021	Netto-entgelt in % vom Brutto	Nettoplus gegenüber 2020
1.500	0,00	0,00	303,38	1.196,62	79,8	0,00
1.600	0,00	0,00	323,60	1.276,40	79,8	0,00
1.700	0,00	0,00	343,83	1.356,17	79,8	0,00
1.800	0,00	0,00	364,05	1.435,95	79,8	0,00
1.900	0,00	0,00	384,28	1.515,72	79,8	0,00
2.000	0,00	0,00	404,50	1.595,50	79,8	0,00
2.100	0,00	0,00	424,73	1.675,27	79,8	3,40
2.200	9,66	0,00	444,95	1.745,39	79,3	7,47
2.300	23,83	0,00	465,18	1.810,99	78,7	8,20
2.400	39,00	0,00	485,40	1.875,60	78,2	8,76
2.500	55,16	0,00	505,63	1.939,21	77,6	9,34
2.600	72,33	0,00	525,85	2.001,82	77,0	10,07
2.700	89,66	0,00	546,08	2.064,26	76,5	11,14
2.800	106,83	0,00	566,30	2.126,87	76,0	11,70
2.900	124,83	0,00	586,53	2.188,64	75,5	12,10
3.000	143,66	0,00	606,75	2.249,59	75,0	12,67
3.200	183,33	0,00	647,20	2.369,47	74,0	20,47
3.400	223,66	0,00	687,65	2.488,69	73,2	26,66
3.600	264,83	0,00	728,10	2.607,07	72,4	29,08
3.800	306,66	0,00	768,55	2.724,79	71,7	31,70
4.000	349,16	0,00	809,00	2.841,84	71,0	34,37
4.200	392,33	0,00	849,45	2.958,22	70,4	37,24
4.400	436,33	0,00	889,90	3.073,77	69,9	39,99
4.600	480,83	0,00	930,35	3.188,82	69,3	42,76
4.800	526,00	0,00	970,80	3.303,20	68,8	38,09
5.000	576,33	0,00	995,44	3.428,23	68,6	38,80
5.200	628,33	0,00	1.016,44	3.555,23	68,4	42,53
5.400	681,33	0,00	1.037,44	3.681,23	68,2	45,98
5.600	735,00	0,00	1.058,44	3.806,56	68,0	49,80
5.800	789,66	0,00	1.079,44	3.930,90	67,8	53,53
6.000	845,16	0,00	1.100,44	4.054,40	67,6	57,28
6.200	901,33	0,00	1.121,44	4.177,23	67,4	61,42
6.400	958,50	0,00	1.142,44	4.299,06	67,2	65,44
6.600	1.016,50	0,00	1.163,44	4.420,06	67,0	69,51
6.800	1.075,50	0,00	1.184,44	4.540,06	66,8	73,46
7.000	1.135,16	0,00	1.205,44	4.659,40	66,6	69,76
7.200	1.198,33	0,00	1.215,94	4.785,73	66,5	66,25
7.400	1.265,00	0,00	1.215,94	4.919,06	66,5	70,79
7.600	1.332,66	0,00	1.215,94	5.051,40	66,5	75,40
7.800	1.401,50	0,00	1.215,94	5.182,56	66,4	79,88
8.000	1.471,16	0,00	1.215,94	5.312,90	66,4	84,60

Neue Bundesländer

7.000	1.142,83	0,00	1.173,94	4.683,23	66,9	58,13
8.000	1.482,16	0,00	1.173,94	5.343,90	66,8	81,01

In den neuen Ländern abweichende Lohnsteuer und Sozialversicherungsbeiträge über 6.700 €.

Verheiratete Steuerklasse V **Nettoentgelte 2021**

Monats-brutto-entgelt in €	Lohn-steuer inkl. SolZ	davon Soli-daritäts-zuschlag	Sozialvers.-beiträge	Netto-entgelt 2021	Netto-entgelt in % vom Brutto	Nettoplus gegenüber 2020
500	44,00	0,00	58,71	397,29	79,5	0,00
600	55,25	0,00	84,24	460,51	76,8	0,00
700	66,41	0,00	109,76	523,83	74,8	0,00
800	77,66	0,00	135,30	587,04	73,4	0,00
900	88,91	0,00	160,82	650,27	72,3	0,00
1.000	100,16	0,00	186,35	713,49	71,3	0,00
1.100	111,33	0,00	211,85	776,82	70,6	0,00
1.200	122,58	0,00	237,39	840,03	70,0	0,00
1.300	139,33	0,00	262,93	897,74	69,1	8,53
1.400	177,00	0,00	283,15	939,85	67,1	13,69
1.500	215,75	0,00	303,38	980,87	65,4	21,08
1.600	254,50	0,00	323,60	1.021,90	63,9	23,29
1.700	292,41	0,00	343,83	1.063,76	62,6	26,16
1.800	327,16	0,00	364,05	1.108,79	61,6	28,24
1.900	361,91	0,00	384,28	1.153,81	60,7	30,31
2.000	396,66	0,00	404,50	1.198,84	59,9	31,42
2.100	431,00	0,00	424,73	1.244,27	59,3	27,22
2.200	459,66	0,00	444,95	1.295,39	58,9	29,41
2.300	489,00	0,00	465,18	1.345,82	58,5	31,62
2.400	519,33	0,00	485,40	1.395,27	58,1	33,54
2.500	550,16	0,00	505,63	1.444,21	57,8	35,67
2.600	581,66	0,00	525,85	1.492,49	57,4	37,83
2.700	614,00	0,00	546,08	1.539,92	57,0	40,03
2.800	646,83	0,00	566,30	1.586,87	56,7	42,45
2.900	680,33	0,00	586,53	1.633,14	56,3	44,88
3.000	714,66	0,00	606,75	1.678,59	56,0	47,03
3.100	749,33	0,00	626,98	1.723,69	55,6	49,19
3.200	784,16	0,00	647,20	1.768,64	55,3	51,18
3.300	818,91	0,00	667,43	1.813,66	55,0	53,17
3.400	853,66	0,00	687,65	1.858,69	54,7	55,15
3.500	888,41	0,00	707,88	1.903,71	54,4	57,23
3.600	923,16	0,00	728,10	1.948,74	54,1	59,22
3.700	957,91	0,00	748,33	1.993,76	53,9	61,29
3.800	992,66	0,00	768,55	2.038,79	53,7	63,37
3.900	1.027,41	0,00	788,78	2.083,81	53,4	65,36
4.000	1.062,25	0,00	809,00	2.128,75	53,2	67,25
4.200	1.131,75	0,00	849,45	2.218,80	52,8	71,31
4.400	1.201,25	0,00	889,90	2.308,85	52,5	75,46
4.600	1.270,75	0,00	930,35	2.398,90	52,2	79,43
4.800	1.340,25	0,00	970,80	2.488,95	51,9	77,33
5.000	1.416,25	0,00	995,44	2.588,31	51,8	79,72

Die Sozialversicherungsbeiträge des Arbeitnehmers zur gesetzlichen Rentenversicherung sind mit 9,3 %, zur Arbeitslosenversicherung mit 1,2 % und zur Krankenversicherung mit 7,3 % und einem Zusatzbeitrag von 0,65 % sowie einem Pflegeversicherungsbeitrag von 1,775 % bis zu den Beitragsbemessungsgrenzen angegeben. Bei Arbeitsentgelten unter 1.300 Euro sind die Sozialversicherungsbeiträge für Arbeitsentgelte im Übergangsbereich berechnet (S. 39).

Werbungskosten vermindern die Steuerschuld

Aufwendungen, die ein Steuerpflichtiger zur Erzielung und Erhaltung der Einnahmen hat, sind Werbungskosten. Sie können bei Einkünften aus nicht selbstständiger Arbeit, Einkünften aus Vermietung und Verpachtung und sonstigen Einkünften anfallen.

Nach § 9 des Einkommensteuergesetzes sind Werbungskosten:

1. Schuldzinsen und auf besonderen Verpflichtungen beruhende Renten und dauernde Lasten, soweit sie mit einer Einkunftsart in wirtschaftlichem Zusammenhang stehen;
2. Steuern vom Grundbesitz, sonstige öffentliche Abgaben und Versicherungsbeiträge, soweit solche Ausgaben sich auf Gebäude beziehen, die dem Steuerpflichtigen zur Einnahmeerzielung dienen;
3. Beiträge zu Berufsständen und sonstigen Berufsverbänden;
4. Aufwendungen des Arbeitnehmers für den Weg zwischen Wohnung und erster Tätigkeitsstätte; für jeden Arbeitstag, an dem der Arbeitnehmer die Arbeitsstätte aufsucht, kann er für jeden vollen Kilometer der Entfernung eine Entfernungspauschale von 0,30 Euro wie Werbungskosten anzusetzen, höchstens jedoch 4.500 Euro im Kalenderjahr; ein höherer Betrag als 4.500 Euro ist bei Nutzung eines eigenen oder überlassenen Kraftwagens anzusetzen. Ab dem 21. Kilometer und jedem weiteren Kilometer können 0,35 Euro angesetzt werden. In den Jahren 2024 bis 2026 beträgt die Entfernungspauschale ab dem 21. Entfernungskilometer 0,38 Euro. Pendler mit niedrigem Einkommen können alternativ die neue Mobilitätsprämie beantragen.
5. Notwendige Mehraufwendungen, die einem Arbeitnehmer wegen einer beruflich veranlassten doppelten Haushaltsführung entstehen. Eine doppelte Haushaltsführung liegt nur vor, wenn der Arbeitnehmer außerhalb des Ortes seiner ersten Tätigkeitsstätte einen eigenen Hausstand unterhält und auch am Ort der ersten Tätigkeitsstätte wohnt;
6. Notwendige Mehraufwendungen eines Arbeitnehmers für beruflich veranlasste Übernachtungen an einer Tätigkeitsstätte, die nicht erste Tätigkeitsstätte ist;
7. Aufwendungen für Arbeitsmittel, z. B. für Werkzeuge und typische Berufskleidung;
8. Absetzung für Abnutzung und für Substanzverringerung und erhöhte Absetzungen. Die Anschaffungs- oder Herstellungskosten beweglicher Wirtschaftsgüter können bis zu 800 Euro sofort als Werbungskosten abgesetzt werden;
9. Zur Abgeltung der einem Arbeitnehmer bei einer auswärtigen beruflichen Tätigkeit tatsächlich entstandenen, beruflich veranlassten Mehraufwendung ist eine Verpflegungspauschale von 28 Euro bzw. 14 Euro für den An- und Abreisetag anzusetzen;
10. Aufwendungen des Steuerpflichtigen für seine Berufsausbildung oder für sein Studium sind nur dann Werbungskosten, wenn der Steuerpflichtige zuvor bereits eine Erstausbildung (Berufsausbildung oder Studium) abgeschlossen hat oder wenn die Berufsausbildung oder das Studium im Rahmen eines Dienstverhältnisses stattfindet.

Pauschbeträge für Werbungskosten (§ 9 a EStG)

Wenn nicht höhere Werbungskosten nachgewiesen werden, sind folgende Pauschbeträge bei der Ermittlung der Einkünfte abzuziehen:

1. Von den Einnahmen aus nichtselbstständiger Arbeit: ein Arbeitnehmer-Pauschbetrag von 1.000 Euro;
2. Von Ruhegehältern, Renten aus der GRV und den Leistungen aus Altersvorsorgeverträgen, Pensionsfonds und Direktversicherungen ein Pauschbetrag von 102 Euro.

Pendlerpauschale

Über 10 Millionen Steuerpflichtige geben in ihrer Steuererklärung die Fahrten mit dem Auto zwischen Wohnung und Arbeitsstätte als Werbungskosten an. Nach § 9 EStG sind Aufwendungen des Arbeitnehmers für die Wege zwischen Wohnung und regelmäßiger Arbeitsstätte und für Familienheimfahrten Werbungskosten. Für die Bestimmung der Entfernung ist die kürzeste Straßenverbindung zwischen Wohnung und Arbeitsstätte maßgebend; eine andere als die kürzeste Straßenverbindung kann zugrunde gelegt werden, wenn diese offensichtlich verkehrsgünstiger ist und vom Arbeitnehmer regelmäßig für die Wege zwischen Wohnung und Arbeitsstätte benutzt wird.

Menschen mit einem Grad der Behinderung von mindestens 70 oder deren Grad der Behinderung weniger als 70, aber mindestens 50 beträgt und die in ihrer Bewegungsfähigkeit im Straßenverkehr erheblich beeinträchtigt sind, können anstelle der Entfernungspauschalen die tatsächlichen Aufwendungen für die Wege zwischen Wohnung und Arbeitsstätte und für die Familienheimfahrten ansetzen (siehe auch „behinderungsbedingte Fahrtkostenpauschale“ S. 10).

Steuerrückerstattung für Alleinstehende für die Fahrt zur Arbeitsstätte 2021
wenn keine anderen Werbungskosten geltend gemacht werden.

Km Tag	*Km-Pauschale	Steuerrückvergütung in € für Alleinstehende bei einem Steuereinkommen von									
		20.000	25.000	30.000	35.000	40.000	45.000	50.000	60.000	70.000	80.000
15	1.035	9	10	11	12	12	12	14	15	17	17
20	1.380	99	107	115	123	130	138	147	160	179	179
25	1.783	204	220	237	253	269	285	302	329	368	368
30	2.185	307	332	357	382	406	430	456	498	557	557
35	2.588	411	443	477	510	542	576	609	667	746	746
40	2.990	513	554	596	637	678	720	762	836	935	935
45	3.393	614	664	714	764	814	864	914	1.005	1.125	1.125
50	3.795	715	773	832	890	948	1.006	1.065	1.173	1.314	1.314

*Bei 230 Arbeitstagen im Jahr 2021 bei einer 5-Tage-Arbeitswoche; ohne andere Werbungskosten bringt die Entfernungspauschale Entlastung, wenn der Arbeitnehmer mindestens rund 15 km täglich zur Arbeit fährt.

Ein alleinstehender Arbeitnehmer, der täglich 40 km zur Arbeit fährt, kann bei einem zu versteuernden Einkommen von 40.000 Euro mit einer Steuerrückerstattung von 678 Euro rechnen, wenn er im Jahr 9.200 km nachweist, z. B. 40 km an 230 Arbeitstagen.

Mobilitätsprämie (§ 101 EStG)
Pendler, die steuerpflichtige Einkünfte unterhalb des Grundfreibetrags (9.744 €) haben, können für den über 20 km betragenden Arbeitsweg eine „Mobilitätsprämie“ beantragen, Die Mobilitätsprämie beträgt ab dem 21. km, pro km 4,9 Cent (14 % von 0,35 Euro). Der Antrag kann bis vier Monate nach Ablauf des Kalenderjahres durch Abgabe einer Einkommensteuererklärung gestellt werden.

zvE des Arbeitnehmers 8.500 €; Arbeitsweg 35 km an 200 Tagen im Kalenderjahr 2021		
Entfernungspauschale (3.000 km im Jahr)	1.050 €	15 x 200 x 0,35
Mobilitätsprämie	147 €	1.050 x 0,14

Besonderheiten beim Abzug von Vorsorgeaufwendungen

Die Vorsorgeaufwendungen sind in drei unterschiedlich absetzbare Teile gegliedert:
1. Altersvorsorgeaufwand
2. Vorsorgeaufwand für Kranken- und Pflegeversicherung
3. Sonstige Vorsorgeaufwendungen

1. Steuerbegünstigter Höchstbetrag für Altersvorsorgeaufwendungen

Altersvorsorgeaufwendungen sind 2021 bis 25.787 € (Verheiratete 51.574 €) Sonderausgaben. Nach § 10 Abs. 1 Nr. 2 EStG sind Altersvorsorgeaufwendungen:

- Gesamtbeiträge zur gesetzlichen Rentenversicherung (GRV)
- Zur landwirtschaftlichen Alterskasse
- Zu berufsständischen Versorgungseinrichtungen (z. B. Ärzte- u. Apothekerversorgung)
- Zur kapitalgedeckten Altersversorgung mit lebenslanger Rentenzahlung beginnend nicht vor Vollendung des 62. Lebensjahres* („Basis-Rente"). Die Basis-Rente kann eine ergänzende Absicherung bei Berufsunfähigkeit, bei verminderter Erwerbsfähigkeit oder von Hinterbliebenen (Ehegatten und Kinder) vorsehen.
- Zur Absicherung gegen den Eintritt der Berufsunfähigkeit oder der verminderten Erwerbsfähigkeit, wenn der Vertrag nur die Zahlung einer monatlichen, auf das Leben des Steuerpflichtigen bezogenen lebenslangen Leibrente für einen Versicherungsfall vorsieht, der bis zur Vollendung des 67. Lebensjahres eingetreten ist.

Die Ansprüche aus dem Altersversorgungsvertrag dürfen nicht vererblich, nicht übertragbar, nicht beleihbar, nicht veräußerbar und nicht kapitalisierbar sein. Es darf darüber hinaus kein Anspruch auf Auszahlungen bestehen.

*Für Verträge vor dem Jahr 2012 gilt das 60. Lebensjahr

Von den Arbeitgeber- und Arbeitnehmerbeiträgen zur GRV und den Beiträgen für eine private Basis-Rente sind steigende Aufwendungen absetzbar. 2005 betrug der absetzbare Anteil 60 Prozent, der sich jedes Jahr um 2 Prozentpunkte erhöhte. Im Jahr 2021 können 92 Prozent der Altersvorsorgeaufwendungen, höchstens 23.724 Euro für Alleinstehende bzw. 47.448 Euro für Verheiratete abzüglich des Arbeitgeberanteils zur gesetzlichen Rentenversicherung, als Sonderausgaben abgezogen werden. Ab 2025 sind die Altersvorsorgeaufwendungen in voller Höhe als Sonderausgaben absetzbar.

Altersvorsorgeaufwendungen 2021

Beispiel	Lediger Arbeitnehmer, Jahresarbeitsentgelt 30.000 €	
	Beiträge zur gesetzlichen Rentenversicherung 18,6 %	5.580 €
	+ Beiträge zur Basis-Rente	1.200 €
	= zu berücksichtigende Altersvorsorgeaufwendungen	6.780 €
	davon im Jahr 2021 92 %	6.238 €
	- Arbeitgeberanteil zur gesetzlichen Rentenversicherung	2.790 €
	= Als Sonderausgaben abziehbare Altersvorsorgeaufwendungen	3.448 €
Beispiel	Verheirateter Selbstständiger	
	Beiträge zur gesetzlichen Rentenversicherung	0 €
	+ Beiträge zur Basis-Rente	6.000 €
	davon 2021 als Sonderausgaben 92 % abziehbar	5.520 €

2. Vorsorgeaufwendungen zur Kranken- und Pflegeversicherung

Seit dem 1. Januar 2010 mindern Beiträge zur Kranken- und Pflegeversicherung auf sozialhilferechtlich gewährleistetem Leistungsniveau (Basisversorgung) voll das zu versteuernde Einkommen. Dies sind die Beiträge, die für einen Kranken- und Pflegeversicherungsschutz aufgebracht werden müssen, auf die Sozialhilfeempfänger einen Anspruch haben. ALG II-Bezieher haben Anspruch auf alle Leistungen der gesetzlichen Krankenkasse, mit Ausnahme von Krankengeld, mit dem Arbeitnehmern das Arbeitsentgelt ersetzt wird.

Somit gehören zu den steuerlich voll absetzbaren Beiträgen die Aufwendungen zur gesetzlichen Krankenversicherung ohne Beitragsanteil für das Krankengeld, Beiträge zur privaten Krankenversicherung für den Basis-Tarif ohne Zusatzleistungen und Beiträge zur gesetzlichen Pflegeversicherung (soziale Pflegeversicherung oder private Pflege-Pflichtversicherung). Sieht der gesetzliche Krankenversicherungsschutz einen Anspruch auf Krankengeld vor, ist der absetzbare Beitrag, der um 4 Prozent verminderte.

Als absetzbare Beiträge zählen auch die vom Steuerpflichtigen getragenen Beiträge für seinen Ehegatten, seinen Lebenspartner nach dem Lebenspartnerschaftsgesetz und für jedes Kind, für das er Kindergeld oder einen Kinderfreibetrag erhält.

Privat Krankenversicherte werden von ihrer Krankenkasse über den absetzbaren Beitragsteil ihres Krankenversicherungsschutzes informiert, der nach der „Krankenversicherungsbeitragsanteil-Ermittlungsverordnung" festgestellt wird.

3. Sonstige Vorsorgeaufwendungen

Beiträge zu Kranken- und Pflegeversicherungen, die nicht zum Basisversicherungsschutz gehören (z. B. der Beitragsanteil für Krankengeld, Zusatzleistungen) und Beiträge zur Arbeitslosenversicherung, zu Haftpflicht-, Unfall-, Berufs- und Erwerbsunfähigkeitsversicherungen, Risikolebensversicherungen, Rentenversicherungen mit Kapitalwahlrecht können nur insoweit abgesetzt werden, wie die Vorsorgeaufwendungen für den Basiskranken- und Pflegeversicherungsschutz den Betrag von 1.900 Euro bzw. 2.800 Euro nicht erreichen.

Der Grenzbetrag von 1.900 Euro gilt für Steuerpflichtige, die einen Zuschuss zu ihrem Krankenversicherungsschutz erhalten:

- Sozialversicherungspflichtige Arbeitnehmer
- Beitragsfrei mitversicherte Familienangehörige
- Beamte, Soldaten und Richter und gleichgestellte Personen
- Künstler, die der Künstlersozialkasse angehören
- Rentner der gesetzlichen Rentenversicherung.

Der Grenzbetrag von 2.800 Euro gilt für Steuerpflichtige, die keinen Zuschuss zu ihrem Krankenversicherungsschutz erhalten:

- Selbstständige
- Ehegatten von beihilfeberechtigten Beamten, die über den Beihilfeanspruch abgesichert sind
- Geringfügig Beschäftigte.

Der Grenzwert für zusammen veranlagte Ehegatten ergibt sich aus der Summe des jedem Ehegatten zustehenden Höchstbetrags.

Beispiele für absetzbare Vorsorgeaufwendungen

Altersvorsorge, Kranken- und Pflegevorsorge, sonstige Vorsorgeaufwendungen

Beispiel: Alleinerziehende, selbstständige Goldschmiedemeisterin, ein Kind hat 2021 folgenden Vorsorgeaufwand:		
Altersvorsorgeaufwendungen:		
Gesetzliche Rentenversicherung	2.400 €	
Basis-Rente	3.000 €	
Absetzbarer Altersvorsorgeaufwand 92 % von 5.400 €		4.968 €
Kranken- und Pflege- (KV und PV) Vorsorgeaufwand:		
Private Krankenversicherung (Basis-Tarif)	4.800 €	
Private Basis-Krankenversicherung für das Kind	600 €	
Pflegepflichtversicherung	400 €	
Absetzbarer KV- und PV-Vorsorgeaufwand		5.800 €
Sonstige Vorsorgeaufwendungen:		
Private Krankenversicherung (Komfortleistungen)	700 €	
Unfall-, Haftpflicht-, Risikoversicherung	2.000 €	
Absetzbarer sonstiger Vorsorgeaufwand		0 €*
Insgesamt als Sonderausgaben absetzbarer Vorsorgeaufwand		10.768 €

* Die sonstigen Vorsorgeaufwendungen sind nicht mehr absetzbar, weil die Vorsorgeaufwendungen für die Basis-Krankenversicherung und Pflegeversicherung den Betrag von 2.800 € übersteigen.

Beispiel: Arbeitnehmer-Ehepaar, Jahresarbeitsverdienst 38.000 € (28.000 € / 10.000 €) Altersvorsorgeaufwendungen: GRV 3.534 € und Basis-Rente 1.800 €		
Altersvorsorgeaufwendungen:		
Gesetzliche Rentenversicherung 18,6 %	7.068 €	
+ Basis-Rente	1.800 €	
Von GRV + Basis-Rente absetzbar 92 %	8.159 €	
- Arbeitgeberanteil GRV	3.534 €	
Absetzbarer Altersvorsorgeaufwand		4.625 €
Kranken- und Pflege-Vorsorgeaufwand:		
Gesetzliche Krankenversicherung 7,3 % + 0,65 %	3.021 €	
- 4 % Krankengeldanteil auf 7,3 %	110 €	
+ Pflegeversicherung 1,775 %	675 €	
Absetzbarer KV- und PV-Vorsorgeaufwand		3.586 €
Sonstige Vorsorgeaufwendungen:		
GKV Krankengeldbeitragsanteil	110 €	
Unfall-, Haftpflicht- und Risikoversicherungen	2.000 €	
Absetzbarer sonstiger Vorsorgeaufwand (3.800 € - 3.586 €)		214 €*
Insgesamt als Sonderausgaben absetzbarer Vorsorgeaufwand		8.248 €

* Die absetzbaren Beiträge für die Kranken- und Pflegeversicherung reichen mit 3.586 € nicht an den Grenzwert für sonstige Vorsorgeaufwendungen von 3.800 €, sodass noch 214 € absetzbar sind.

Pauschalen im Lohnsteuerabzug

Die Lohnsteuerberechnung erfolgt unter Berücksichtigung von Pauschalen, um vielen Arbeitnehmern die Einkommensteuerveranlagung zu ersparen.

Vom Bruttoarbeitsentgelt werden abgezogen:

- Der Arbeitnehmer-Pauschbetrag in Höhe von 1.000 Euro im Jahr.
- Der Sonderausgaben-Pauschbetrag in Höhe von 36 Euro im Jahr.
- Die Vorsorgepauschale.

Vorsorgepauschale für Renten-, Kranken- und Pflegeversicherungsbeiträgen
Mit der Vorsorgepauschale werden die Aufwendungen des Arbeitnehmers zur gesetzlichen Rentenversicherung, Kranken- und Pflegeversicherung berücksichtigt. Arbeitnehmer, die weitere Sonderausgaben wie Beiträge zur Basis-Rente oder Werbungskosten über den Arbeitnehmer-Pauschbetrag hinaus geltend machen, müssen eine Einkommensteuererklärung beim Finanzamt einreichen, um eine Steuerrückerstattung zu erhalten.

Bei den Krankenversicherungsbeiträgen wird stets vom ermäßigten Beitragssatz der Krankenkasse ausgegangen, dem Beitragssatz ohne Krankengeld. Dieser beträgt zur gesetzlichen Krankenversicherung 14,0 Prozent anstelle des vollen Beitragssatzes von 14,6 Prozent. Zusätzlich wird der Zusatzbeitragssatz der gesetzlichen Krankenkasse (durchschnittlich 1,3 Prozent) des Mitglieds berücksichtigt (S. 117 / 118). Da der Arbeitgeber die Hälfte des Zusatzbeitrags der Krankenkasse des Mitglieds übernimmt, ergibt sich bei einem Zusatzbeitrag des Arbeitnehmers von 0,65 Prozent eine Vorsorgepauschale für die gesetzliche Krankenversicherung von 7,65 Prozent des sozialversicherungspflichtigen Entgelts.

Bei der Pflegeversicherung wird der Beitragssatz des Arbeitnehmers zugrunde gelegt, der seinen persönlichen Verhältnissen entspricht. Für Versicherte, die Kinder erzogen haben, ist dies der Beitragssatz von 1,525 Prozent bis zur Jahres-Beitragsbemessungsgrenze von 58.050 Euro. Für kinderlose, ab 23 Jahre alte Versicherte erhöht sich der Satz um 0,25 Prozentpunkte auf 1,775 Prozent. In Sachsen ist eine länderspezifische Besonderheit zu berücksichtigen, wonach der Arbeitnehmeranteil für die Pflegeversicherung dort 0,5 Prozentpunkte höher liegt, somit statt 1,525 Prozent 2,025 Prozent und für kinderlose Versicherte statt 1,775 Prozent 2,275 Prozent ausmacht.

Mindestvorsorgepauschale für die Kranken- und Pflegeversicherung
Für die Kranken- und Pflegeversicherung ist eine Mindestvorsorgepauschale von 12 Prozent des Arbeitslohns anzusetzen, höchstens 3.000 Euro in der Steuerklasse III und 1.900 Euro in allen anderen Steuerklassen.

Unterschiedliche Vorsorgepauschale in Ost und West
Die Vorsorgepauschale für die allgemeine gesetzliche Rentenversicherung beträgt 84 Prozent des Arbeitnehmeranteils. Durch die unterschiedliche Beitragsbemessungsgrenze der gesetzlichen Rentenversicherung in West (2021: 85.200 Euro) und Ost (80.400 Euro) ergibt sich in den alten Bundesländern für die Altersvorsorgeaufwendungen eine maximale Vorsorgepauschale von 6.656 Euro, in den neuen Bundesländern von 6.281 Euro.

Berechnung der Vorsorgepauschale

Die beim Lohnsteuerabzug zu berücksichtigende Vorsorgepauschale besteht aus drei Teilen, die zusammen die anzusetzende Vorsorgepauschale ergeben.

- Teilbetrag der Vorsorgepauschale für die gesetzlichen Rentenversicherungsbeiträge; 2021 beträgt dieser 84 Prozent des Arbeitnehmeranteils zur gesetzlichen Rentenversicherung;
- Teilbetrag der Vorsorgepauschale für die Krankenversicherungsbeiträge; dieser beträgt 7,0 Prozent des Bruttoarbeitsentgelts bis zur Beitragsbemessungsgrenze von 58.050 Euro; hinzu kommt der halbe individuelle Zusatzbeitragssatz der Krankenkasse des Arbeitnehmers (durchschnittlich 0,65 %);
- Teilbetrag der Vorsorgepauschale für die Pflegeversicherungsbeiträge; 1,525 Prozent (in Sachsen 2,025 %), für Kinderlose zusätzlich 0,25 Prozent des Bruttoarbeitsentgelts bis zur Beitragsbemessungsgrenze von 58.050 Euro.

Beispiele für die Höhe der Vorsorgepauschale 2021

Arbeitnehmer, ledig, kinderlos, Steuerklasse I, Jahresarbeitsentgelt 20.000 €	
• Gesetzl. Rentenversicherung (84 % des GRV-AN-Anteils von 1.860 €)	1.563,00 €
• Krankenversicherung 7 % + 0,65 % Zusatzbeitrag	
• Pflegeversicherung 1,775 %	
= Kranken- und Pflegeversicherung 9,425 % 1.885,00 €	
Mindestvorsorgepauschale 12 % = 2.400 €, höchstens 1.900 €	1.900,00 €
Vorsorgepauschale	3.463,00 €

Arbeitnehmer, verheiratet, 1 Kind, Steuerklasse III, Jahresarbeitsentgelt 60.000 €	
• Gesetzl. Rentenversicherung (84 % des GRV-AN-Anteils v. 5.580 €)	4.687,20 €
• Krankenversicherung 7 % + 0,65 Zusatzbeitrag v. 58.050 €	
• Pflegeversicherung 1,525 % v. 58.050 €	
= Kranken- und Pflegeversicherung 9,175 %	5.326,08 €
Vorsorgepauschale	10.014,00 €

Vorsorgepauschale 2021 für rentenversicherte Arbeitnehmer*

Jahres-arbeits-entgelt €	In den alten Bundesländern				In den neuen Bundesländern			
	Steuerklasse				Steuerklasse			
	I	II mit Kind	III	III mit Kind	I	II mit Kind	III	III mit Kind
20.000	3.463	3.463	3.963	3.963	3.463	3.463	3.963	3.963
25.000	4.310	4.247	4.953	4.953	4.310	4.247	4.953	4.953
30.000	5.172	5.097	5.344	5.344	5.172	5.097	5.344	5.344
35.000	6.033	5.946	6.033	5.946	6.033	5.946	6.033	5.946
40.000	6.895	6.795	6.895	6.795	6.895	6.795	6.895	6.795
50.000	8.619	8.494	8.619	8.494	8.619	8.494	8.619	8.494
60.000	10.159	10.014	10.159	10.014	10.159	10.014	10.159	10.014
70.000	10.940	10.795	10.940	10.795	10.940	10.795	10.940	10.795
80.000	11.721	11.576	11.721	11.576	11.721	11.576	11.721	11.576
80.400	11.753	11.607	11.753	11.607	11.753	11.607	11.753	11.607
85.200	12.128	11.982	12.128	11.982	11.753	11.607	11.753	11.607

*berücksichtigt ist der durchschnittliche Zusatzbeitrag 2021 von 1,3 %

Abgeltungsteuer auf Kapitalerträge

Mit dem Unternehmensteuerreformgesetz von 2008 wurde der einheitliche Steuersatz von 25 Prozent für Einkünfte aus Kapitalvermögen und für Veräußerungsgewinne von Wertpapieren im Privatvermögen eingeführt. Die Abgeltungsteuer (Kapitalertragsteuer) gilt für sämtliche Kapitalerträge wie Zinsen und Dividenden. Diese wird von den Zahlstellen der Kapitalerträge (z. B. Banken) automatisch ohne weiteres Zutun der Steuerpflichtigen vorgenommen. Mit dem Kapitalertragsteuerabzug ist die Steuerpflicht des Privatanlegers abgegolten, sodass die Kapitalerträge nicht mehr in der jährlichen Einkommensteuererklärung aufgeführt werden müssen und nicht mit dem individuellen Steuersatz versteuert werden. Anders für betriebliche Anleger. Unternehmen müssen die Kapitaleinkünfte weiterhin in der Steuererklärung berücksichtigen.

Der Abzug von Werbungskosten ist ausgeschlossen. Es wird nur der Sparerpauschbetrag von 801 Euro, für zusammenveranlagte Ehegatten von 1.602 Euro berücksichtigt.

Die auszahlende Stelle der Kapitalerträge muss grundsätzlich 25 Prozent Kapitalertragsteuer zuzüglich Solidaritätszuschlag (5,5 % der Abgeltungsteuer) und evtl. Kirchensteuer (8 % in Bayern und Baden-Württemberg, in allen übrigen Bundesländern 9 %) einbehalten und an das Finanzamt abführen. Für den Steuerpflichtigen, der keiner Religionsgemeinschaft angehört, werden somit die Kapitalerträge mit 26,375 Prozent belastet, bei einer Kirchensteuer von 8 Prozent beträgt die Gesamtbelastung 27,818 Prozent, bei einer Kirchensteuerpflicht von 9 Prozent erhöht sich die gesamte Steuerbelastung der Kapitalerträge auf 27,994 Prozent.

Seit 1. Januar 2015 wird die Kirchensteuer auf die Abgeltungsteuer automatisch einbehalten. Dazu muss das Geldinstitut einmal jährlich zwischen dem 1. September und 31. Oktober beim Bundeszentralamt für Steuern anfragen, ob der Schuldner der Kapitalertragsteuer am 31. August des betreffenden Jahres (Stichtag) kirchensteuerpflichtig ist. Widerspricht der Anleger dem automatischen Datenabruf beim Bundeszentralamt für Steuern, muss der Kirchensteuerpflichtige durch seine Einkommensteuererklärung seiner Kirchensteuerpflicht nachkommen.

Da die Kirchensteuer auf die Abgeltungsteuer nicht als Sonderausgaben abzugsfähig ist, wird die Abgeltungsteuer um 25 Prozent der auf die Kapitalerträge entfallenden Kirchensteuer ermäßigt. So errechnet sich die Abgeltungsteuer wie folgt: Kapitaleinkünfte abzüglich des Sparerpauschbetrages geteilt durch die Addition von vier plus Kirchensteuersatz.

Beispiel: Kapitalerträge abzüglich Sparerpauschbetrag 1.000 Euro.
Abgeltungsteuer bei Kirchensteuer 9 Prozent: 1.000 / (4 + 0,09) = 244,50 €.

Beispiel für die Höhe der Abgeltungsteuer

Erträge im Jahr 2021 aus Zinsen, Dividenden usw. zum Beispiel 1.000 €			
	Steuer ohne KiSt.	Steuer mit 8 % KiSt.	Steuer mit 9 % KiSt.
Abgeltungsteuer	250,00 €	245,10 €	244,50 €
Solidaritätszuschlag	13,75 €	13,48 €	13,44 €
Kirchensteuer	0,00 €	19,60 €	22,00 €
Gesamtsteuer	263,75 €	278,18 €	279,94 €

Besteuerung von Alterseinkünften

Besteuerung von Ruhegehältern und Betriebsrenten

Mit dem Alterseinkünftegesetz wurde die Besteuerung der Beamtenpensionen und Betriebsrenten geändert.

Beamtenpensionen und Betriebsrenten sind voll zu versteuern, jedoch vermindert ein Versorgungsfreibetrag das zu versteuernde Einkommen. Der Versorgungsfreibetrag verringert sich von Jahr zu Jahr bis zum Versorgungsbeginn im Jahr 2040 auf null, sodass die Besteuerung bei Versorgungseintritt ab 2040 am höchsten ist.

Bei Pensionsbeginn im Jahr 2021 beträgt der Versorgungsfreibetrag für die gesamte Dauer des Versorgungsbezugs 15,2 Prozent der Versorgungsbezüge, höchstens 1.140 Euro im Jahr, der ergänzt wird durch einen Zuschlag zum Versorgungsfreibetrag von 342 Euro.

Abbau des Versorgungsfreibetrags (§ 19 Abs. 2 EStG)

Jahr des Versorgungsbeginns	Versorgungsfreibetrag		Zuschlag zum Versorgungsfreibetrag in €	Jahr des Versorgungsbeginns	Versorgungsfreibetrag		Zuschlag zum Versorgungsfreibetrag in €
	in % des Ruhegehalts	Höchstbetrag in €			in % des Ruhegehalts	Höchstbetrag in €	
vor 2006	40,0	3.000	900	2023	13,6	1.020	306
2006	38,4	2.880	864	2024	12,8	960	288
2007	36,8	2.760	828	2025	12,0	900	270
2008	35,2	2.640	792	2026	11,2	840	252
2009	33,6	2.520	756	2027	10,4	780	234
2010	32,0	2.400	720	2028	9,6	720	216
2011	30,4	2.280	684	2029	8,8	660	198
2012	28,8	2.160	648	2030	8,0	600	180
2013	27,2	2.040	612	2031	7,2	540	162
2014	25,6	1.920	576	2032	6,4	480	144
2015	24,0	1.800	540	2033	5,6	420	126
2016	22,4	1.680	504	2034	4,8	360	108
2017	20,8	1.560	468	2035	4,0	300	90
2018	19,2	1.440	432	2036	3,2	240	72
2019	17,6	1.320	396	2037	2,3	180	54
2020	16,0	1.200	360	2038	1,6	120	36
2021	15,2	1.140	342	2039	0,8	60	18
2022	14,4	1.080	324	2040	0,0	0	0

Belastung des monatlichen Ruhegehalts mit Steuern* in Euro

Alleinstehende StKl I, Verheiratete IV					Verheiratete StKl III				
Brutto-Ruhegehalt	Jahr des Versorgungsbeginns				Brutto-Ruhegehalt	Jahr des Versorgungsbeginns			
	2021	2025	2030	2040		2021	2025	2030	2040
1.500	74	76	83	99	1.500	-	-	-	-
2.000	199	201	210	227	2.000	-	-	1	11
2.500	337	339	349	368	2.500	83	81	87	100
3.000	488	490	500	521	3.000	196	193	201	217
4.000	827	828	840	864	4.000	452	449	458	476

* Monatliche Lohnsteuer nach Steuertarif 2021 bzw. 2022; Vorsorgepauschale mit 1.900 € (Alleinstehende), 3.000 € Verheiratete berücksichtigt.

Besteuerung von Erbschaften

Mit der Reform der Erbschaftsteuer zum 1. Januar 2009 wurde eine neue Bewertung des Vermögens vorgenommen, Verschonungsregelungen für Betriebsvermögen eingeführt, höhere Freibeträge und höhere Steuersätze festgelegt. Aufgrund des Urteils des Bundesverfassungsgerichts wurden die Verschonungsregelungen für Betriebsvermögen neu bestimmt. Grundsätzlich werden nunmehr im Erbfall das Betriebsvermögen und Grundvermögen sowie Anteile an Kapitalgesellschaften einheitlich nach dem Verkehrs- bzw. Marktwert bewertet. Für Grundstücke, die zu Wohnzwecken vermietet werden, ist ein Abschlag in Höhe von 10 Prozent auf den Verkehrswert vorgesehen.

Für den Ehegatten und die Kinder des Erblassers bleibt das von ihm bewohnte Familienheim erbschaftsteuerfrei. Für die Kinder gilt die volle Steuerbefreiung, wenn die Immobilie 200 qm Wohnfläche nicht übersteigt. Größere Wohnflächen sind anteilig erbschaftsteuerpflichtig. Die Steuerbefreiung fällt weg, wenn der Erbe innerhalb von 10 Jahren nach dem Erbfall die Immobilie nicht mehr zu eigenen Wohnzwecken nutzt.

Freibeträge, Steuerklassen und Steuersätze

Der Erbschaftsteuerfreibetrag beträgt für Hausrat einschließlich Wäsche u. Kleidungsstücke für Erwerber der Steuerklasse I 41.000 Euro, ansonsten 12.000 Euro, für andere bewegliche Gegenstände für alle Erwerber 12.000 Euro. Nachlassverbindlichkeiten können abgezogen werden, z.B. Bestattungskosten ohne Nachweis in Höhe von 10.300 Euro.

Steuerklassen und Freibeträge

Steuer-klasse	Personenkreis	Freibeträge (§ 16 ErbStG)
I	Ehegatte, eingetragener Lebenspartner Kinder, Stiefkinder, Kinder verstorbener Kinder andere Enkel Urenkel, Eltern und Großeltern	500.000 € 400.000 € 200.000 € 100.000 €
II	Eltern und Großeltern (bei Schenkung) Geschwister, Nichten, Neffen Stiefeltern, Schwiegerkinder, Schwiegereltern, geschiedener Ehegatte Lebenspartner einer aufgehobenen Lebenspartnerschaft	20.000 € 20.000 € 20.000 € 20.000 € 20.000 €
III	alle übrigen Erwerber und die Zweckzuwendungen	20.000 €

Besonderer Versorgungsfreibetrag

Besonderer Versorgungsfreibetrag (§ 17 ErbStG) neben dem Freibetrag nach § 16 ErbStG.	
Ehegatte / eingetragener Lebenspartner Der Freibetrag ist um den Kapitalwert von Versorgungsbezügen des Ehegatten nach § 14 Bewertungsgesetz (S. 105) zu kürzen.	256.000 €
Kinder im Alter bis zu 5 Jahren	52.000 €
Kinder im Alter von mehr als 5 bis zu 10 Jahren	41.000 €
Kinder im Alter von mehr als 10 bis zu 15 Jahren	30.700 €
Kinder im Alter von mehr als 15 bis zu 20 Jahren	20.500 €
Kinder im Alter von mehr als 20 bis zur Vollendung des 27. Lebensjahres	10.300 €
Stehen dem Kind Versorgungsbezüge zu, so wird der Freibetrag um den Kapitalwert der Versorgungsbezüge gekürzt.	

Baufinanzierung

Förderung des Wohneigentums

In den letzten Jahren haben die Immobilienumsätze stark zugenommen. Dennoch gehört Deutschland hinsichtlich der Wohneigentumsquote zu den Schlusslichtern in Europa. Mit einer Quote von 51,4 Prozent liegt Deutschland auf dem vorletzten Platz.

Durch die anhaltend niedrigen Zinsen haben sich die Finanzierungskonditionen in den letzten Jahren verbessert. Zur Finanzierung einer Immobilie trägt das Baukindergeld bei. Es senkt die individuellen Belastungen für den Bauherrn.

Baukindergeld
Der Antrag auf Baukindergeld kann von Familien oder Alleinerziehenden gestellt werden, die erstmals Eigentümer von selbstgenutztem Wohneigentum geworden sind und in deren Haushalt mindestens ein Kind gemeldet ist, das zum Zeitpunkt der Antragstellung noch keine 18 Jahre alt ist. Das zu versteuernde jährliche Haushaltseinkommen darf 90.000 Euro bei einem Kind, zuzüglich 15.000 Euro je weiterem Kind nicht überschreiten. Bei Antragstellung 2021 wird der Durchschnitt aus den Einkommen der Jahre 2018 und 2019 gebildet.

Die Förderung besteht in einem Zuschuss in Höhe von 1.200 Euro pro Kind über einen Zeitraum von 10 Jahren. Insgesamt beträgt die Förderung für jedes Kind 12.000 Euro, wenn das errichtete oder erworbene Wohneigentum ununterbrochen 10 Jahre selbst für Wohnzwecke genutzt wird. Voraussetzung ist, dass die Baugenehmigung zwischen dem 1. Januar 2018 und dem 31. März 2021 erteilt beziehungsweise der notarielle Kaufvertrag beim Erwerb eines Neu- oder Bestandsbaus unterzeichnet worden ist.

260.500 Familien, die das Baukindergeld beantragten

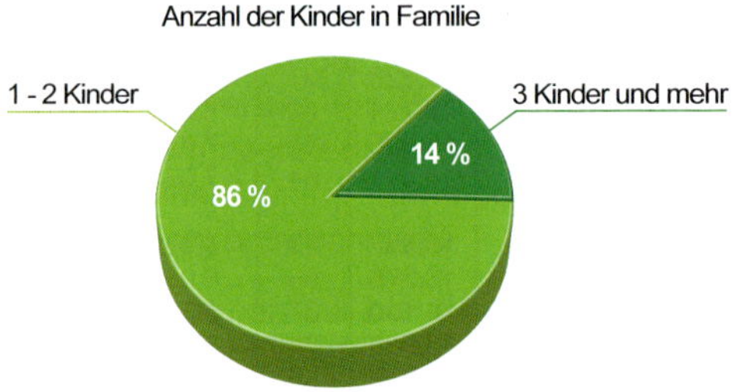

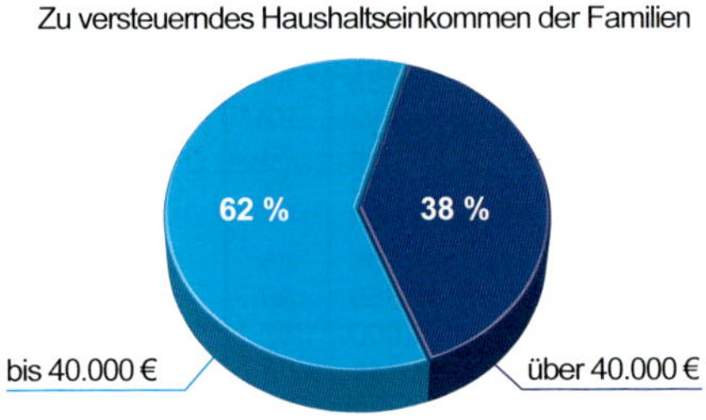

Quelle: Bundesministerium des Innern, für Bau und Heimat; August 2020

Der Weg zum Bauen führt meist über das Bausparen
2019 haben die Bausparkassen 26,2 Millionen Bausparverträge mit einer Summe von 918,7 Mrd. Euro verwaltet. Die Bausparkassen tragen maßgeblich zur Wohnungsfinanzierung bei. Mit 35,4 Mrd. Euro, dies sind 13,9 Prozent des gesamten Finanzierungsvolumens, stellten die Bausparkassen nach Sparkassen, Genossenschaftsbanken und Kreditbanken den viertgrößten Anteil bereit, vor Lebensversicherungen, Realkreditinstituten und den Landesbanken.

Der Bausparvertrag wird abgeschlossen, um ein Darlehen nach einer Ansparzeit zu niedrigem Zins zu erhalten. Dafür nimmt der Bausparer einen niedrigen Zins in der Ansparzeit in Kauf. Um den Darlehensanspruch zu erhalten, muss der Bausparer die Bausparsumme zu 40 bis 50 Prozent ansparen.

Das Bauspardarlehen wird nach Erreichen des Mindestguthabens zuteilungsreif. In aller Regel braucht der Bausparer dafür acht bis neun Jahre, wenn er die Regelsparbeiträge aufbringt, die für je 1.000 Euro Bausparsumme je nach Tarif 4 bis 5 Euro im Monat ausmachen. Neben Bauspardarlehen werden zur Finanzierung meistens noch zusätzliche Darlehen eingesetzt, weil die Finanzierung über das Bauspardarlehen aufwendig ist. Die Zinsen sind zwar niedrig, aber die Tilgungszeit kurz und dadurch die Tilgungsraten hoch.

Wohnungsbauprämie

Bausparen wird vom Staat durch Wohnungsbauprämien gefördert. Ab 2021 wird die Wohnungsbauprämie (WoP) von 8,8 auf 10 Prozent erhöht und die Einkommensgrenzen um fast 37 Prozent angehoben, sodass ein größerer Kreis vom Bausparen profitiert. Vor allem sollen Familien mit einem niedrigen zu versteuernden Einkommen motiviert werden, frühzeitig Eigenkapital für Wohneigentum anzusparen. Die WoP erhält der Bausparer, wenn das Geld für wohnwirtschaftliche Maßnahmen verwendet wird. Nur Bausparer unter 25 Jahren oder Arbeitslose und Erwerbsunfähige müssen die WoP nicht zurückzahlen, wenn sie keine Immobilie finanzieren.

Wohnungsbauprämie	2020		Ab 2021	
	Alleinstehend	Verheiratet	Alleinstehend	Verheiratet
Fördersatz	8,8 %		10,0 %	
Einkommensgrenzen (zvE)	25.600 €	51.200 €	35.000 €	70.000 €
Förderhöchstgrenze	512 €	1.024 €	700 €	1.400 €
Maximale Prämie pro Jahr	45,06 €	90,11 €	70 €	140 €

Vermögenswirksame Leistung für das Bausparen

Neben der Wohnungsbauprämie kann ein Arbeitnehmer eine Sparzulage erhalten, wenn der Arbeitgeber vermögenswirksame Leistungen bis zu 470 Euro pro Jahr auf das Bausparkonto des Arbeitnehmers überweist. Die Sparzulage beträgt 9 Prozent und gibt es, wenn das zvE 17.900 Euro (Verheiratete 35.800 Euro) nicht übersteigt.

Verteilung der Maklerkosten bei der Vermittlung von Immobilien

Mit Wirkung vom 23.12.2020 schuf der Gesetzgeber bundesweit einheitliche, verbindliche Regelungen im Maklerrecht. Bisher unterschieden sich die Aufteilung und Höhe der Maklerprovisionen in den Ländern. In fünf Ländern (Berlin, Brandenburg, Bremen, Hamburg, Hessen) trug der Käufer die gesamte Maklerprovision bis zu 7,14 Prozent des Kaufpreises. Mit dem Gesetz wird verhindert, dass Maklerkosten, die vom Verkäufer verursacht wurden, vollständig oder zu einem überwiegenden Teil dem Käufer aufgebürdet werden. Nunmehr kann der Makler, der für den Käufer als auch Verkäufer tätig ist, die Courtage nur von beiden Parteien zu gleichen Teilen verlangen.

Grunderwerbsteuer

Beim Immobilienkauf ist die Grunderwerbsteuer auf den Kaufpreis zu zahlen. Diese beträgt:

Baden-Württemberg	5,0 %	Hessen	6,0 %	Sachsen	3,5 %
Bayern	3,5 %	Meckl.-Vorpommern	5,0 %	Sachsen-Anhalt	5,0 %
Brandenburg	6,5 %	Niedersachsen	5,0 %	Schleswig-Holstein	6,5 %
Berlin	6,0 %	Nordrhein-Westfalen	6,5 %	Thüringen	6,5 %
Bremen	5,0 %	Rheinland-Pfalz	5,0 %		
Hamburg	4,5 %	Saarland	6,5 %		

Vermögensbildung

Einmalanlage

Kapital einer zu verzinsenden Einmalanlage über 10.000 €

Kapital einschließlich Zinsen bei einem gleichbleibenden Jahreszins										
nach Jahren	1 %	1,25 %	1,5 %	1,75 %	2 %	2,5 %	3 %	4 %	5 %	6 %
1	10.100	10.125	10.150	10.175	10.200	10.250	10.300	10.400	10.500	10.600
2	10.201	10.252	10.302	10.353	10.404	10.506	10.609	10.816	11.025	11.236
3	10.303	10.380	10.457	10.534	10.612	10.769	10.927	11.249	11.576	11.910
4	10.406	10.509	10.614	10.719	10.824	11.038	11.255	11.699	12.155	12.625
5	10.510	10.641	10.773	10.906	11.041	11.314	11.593	12.167	12.763	13.382
6	10.615	10.774	10.934	11.097	11.262	11.597	11.941	12.653	13.401	14.185
7	10.721	10.909	11.098	11.291	11.487	11.887	12.299	13.159	14.071	15.036
8	10.829	11.045	11.265	11.489	11.717	12.184	12.668	13.686	14.775	15.938
9	10.937	11.183	11.434	11.690	11.951	12.489	13.048	14.233	15.513	16.895
10	11.046	11.323	11.605	11.894	12.190	12.801	13.439	14.802	16.289	17.908
11	11.157	11.464	11.779	12.103	12.434	13.121	13.842	15.395	17.103	18.983
12	11.268	11.608	11.956	12.314	12.682	13.449	14.258	16.010	17.959	20.122
13	11.381	11.753	12.136	12.530	12.936	13.785	14.685	16.651	18.856	21.329
14	11.495	11.900	12.318	12.749	13.195	14.130	15.126	17.317	19.799	22.609
15	11.610	12.048	12.502	12.972	13.459	14.483	15.580	18.009	20.789	23.966
16	11.726	12.199	12.690	13.199	13.728	14.845	16.047	18.730	21.829	25.404
17	11.843	12.351	12.880	13.430	14.002	15.216	16.528	19.479	22.920	26.928
18	11.961	12.506	13.073	13.665	14.282	15.597	17.024	20.258	24.066	28.543
19	12.081	12.662	13.269	13.904	14.568	15.986	17.535	21.068	25.270	30.256
20	12.202	12.820	13.469	14.148	14.859	16.386	18.061	21.911	26.533	32.071
21	12.324	12.981	13.671	14.395	15.157	16.796	18.603	22.788	27.860	33.996
22	12.447	13.143	13.876	14.647	15.460	17.216	19.161	23.699	29.253	36.035
23	12.572	13.307	14.084	14.904	15.769	17.646	19.736	24.647	30.715	38.198
24	12.697	13.474	14.295	15.164	16.084	18.087	20.328	25.633	32.251	40.489
25	12.824	13.642	14.509	15.430	16.406	18.539	20.938	26.658	33.864	42.919
26	12.953	13.812	14.727	15.700	16.734	19.003	21.566	27.725	35.557	45.494
27	13.082	13.985	14.948	15.975	17.069	19.478	22.213	28.834	37.335	48.223
28	13.213	14.160	15.172	16.254	17.410	19.965	22.879	29.987	39.201	51.117
29	13.345	14.337	15.400	16.539	17.758	20.464	23.566	31.187	41.161	54.184
30	13.478	14.516	15.631	16.828	18.114	20.976	24.273	32.434	43.219	57.435
31	13.613	14.698	15.865	17.123	18.476	21.500	25.001	33.731	45.380	60.881
32	13.749	14.881	16.103	17.422	18.845	22.038	25.751	35.081	47.649	64.534
33	13.887	15.067	16.345	17.727	19.222	22.588	26.523	36.484	50.032	68.406
34	14.026	15.256	16.590	18.037	19.607	23.153	27.319	37.943	52.534	72.510
35	14.166	15.446	16.839	18.353	19.999	23.732	28.139	39.461	55.160	76.861
36	14.308	15.639	17.091	18.674	20.399	24.325	28.983	41.039	57.918	81.473
37	14.451	15.835	17.348	19.001	20.807	24.933	29.852	42.681	60.814	86.361
38	14.595	16.033	17.608	19.333	21.223	25.557	30.748	44.388	63.855	91.543
39	14.741	16.233	17.872	19.672	21.647	26.196	31.670	46.164	67.048	97.035
40	14.889	16.436	18.140	20.016	22.080	26.851	32.620	48.010	70.400	102.857
41	15.038	16.642	18.412	20.366	22.522	27.522	33.599	49.931	73.920	109.029
42	15.188	16.850	18.688	20.723	22.972	28.210	34.607	51.928	77.616	115.570
43	15.340	17.060	18.969	21.085	23.432	28.915	35.645	54.005	81.497	122.505
44	15.493	17.274	19.253	21.454	23.901	29.638	36.715	56.165	85.572	129.855
45	15.648	17.489	19.542	21.830	24.379	30.379	37.816	58.412	89.850	137.646
46	15.805	17.708	19.835	22.212	24.866	31.138	38.950	60.748	94.343	145.905
47	15.963	17.929	20.133	22.601	25.363	31.917	40.119	63.178	99.060	154.659
48	16.122	18.154	20.435	22.996	25.871	32.715	41.323	65.705	104.013	163.939
49	16.283	18.380	20.741	23.398	26.388	33.533	42.562	68.334	109.213	173.775
50	16.446	18.610	21.052	23.808	26.916	34.371	43.839	71.067	114.674	184.202

Auf welchen Kapitalbetrag wächst eine mit einem bestimmten Satz zu verzinsende Einmalanlage an?

Beispiel: Einmalanlage 25.000 €, Dauer 20 Jahre, jährliche Verzinsung 3 %.

Berechnung: $\frac{\text{Tabellenwert x Einmalanlage}}{10.000} = \frac{18.061 \text{ x } 25.000}{10.000}$ erreichtes Kapital **45.153** € (Zinsanteil 20.153 €)

Dauersparen

Erreichtes Kapital bei einer monatlichen Sparrate von 100 €

nach Jahren	Sparbetrag	Kapital einschließlich Zinsen bei einem gleichbleibenden Jahreszins von 1 %	1,25 %	1,5 %	1,75 %	2 %	2,5 %	3 %	4 %	6 %
1	1.200	1.207	1.208	1.210	1.211	1.213	1.216	1.220	1.226	1.239
2	2.400	2.425	2.431	2.438	2.444	2.450	2.463	2.476	2.501	2.552
3	3.600	3.656	3.670	3.684	3.698	3.712	3.741	3.769	3.827	3.944
4	4.800	4.899	4.924	4.949	4.974	5.000	5.051	5.102	5.206	5.420
5	6.000	6.154	6.194	6.233	6.273	6.313	6.393	6.475	6.640	6.984
6	7.200	7.422	7.479	7.536	7.594	7.652	7.769	7.888	8.132	8.642
7	8.400	8.703	8.781	8.859	8.938	9.018	9.180	9.344	9.683	10.400
8	9.600	9.997	10.099	10.202	10.306	10.411	10.625	10.844	11.297	12.263
9	10.800	11.303	11.433	11.564	11.698	11.832	12.107	12.389	12.975	14.238
10	12.000	12.623	12.784	12.948	13.114	13.282	13.626	13.980	14.719	16.331
11	13.200	13.955	14.152	14.352	14.555	14.761	15.183	15.619	16.534	18.550
12	14.400	15.301	15.537	15.777	16.021	16.269	16.779	17.307	18.422	20.902
13	15.600	16.661	16.939	17.223	17.512	17.807	18.415	19.046	20.385	23.395
14	16.800	18.034	18.359	18.691	19.030	19.376	20.091	20.837	22.426	26.038
15	18.000	19.421	19.797	20.181	20.575	20.977	21.810	22.681	24.549	28.839
16	19.200	20.822	21.252	21.694	22.146	22.609	23.571	24.581	26.757	31.808
17	20.400	22.236	22.726	23.229	23.745	24.275	25.377	26.538	29.053	34.956
18	21.600	23.665	24.218	24.787	25.372	25.973	27.227	28.554	31.441	38.292
19	22.800	25.108	25.729	26.369	27.027	27.706	29.124	30.630	33.925	41.829
20	24.000	26.566	27.259	27.974	28.712	29.473	31.069	32.768	36.508	45.577
21	25.200	28.038	28.808	29.603	30.426	31.275	33.062	34.971	39.194	49.551
22	26.400	29.525	30.376	31.257	32.169	33.114	35.104	37.240	41.988	53.763
23	27.600	31.027	31.964	32.936	33.944	34.989	37.198	39.576	44.894	58.228
24	28.800	32.543	33.572	34.639	35.749	36.902	39.345	41.983	47.915	62.961
25	30.000	34.075	35.199	36.369	37.586	38.853	41.544	44.462	51.058	67.977
26	31.200	35.623	36.848	38.124	39.455	40.843	43.799	47.015	54.326	73.295
27	32.400	37.185	38.516	39.906	41.357	42.873	46.110	49.645	57.725	78.931
28	33.600	38.764	40.206	41.714	43.292	44.943	48.479	52.354	61.260	84.906
29	34.800	40.358	41.917	43.549	45.261	47.055	50.908	55.144	64.937	91.240
30	36.000	41.968	43.649	45.412	47.265	49.209	53.397	58.018	68.760	97.953
31	37.200	43.594	45.402	47.303	49.303	51.406	55.948	60.978	72.737	105.069
32	38.400	45.237	47.178	49.223	51.377	53.647	58.563	64.027	76.872	112.612
33	39.600	46.895	48.976	51.171	53.488	55.933	61.243	67.167	81.173	120.608
34	40.800	48.571	50.796	53.148	55.635	58.265	63.990	70.402	85.646	129.084
35	42.000	50.263	52.639	55.155	57.820	60.643	66.806	73.734	90.298	138.068
36	43.200	51.972	54.505	57.192	60.043	63.069	69.693	77.165	95.136	147.591
37	44.400	53.698	56.395	59.260	62.306	65.544	72.651	80.699	100.167	157.685
38	45.600	55.442	58.308	61.358	64.607	68.067	75.684	84.340	105.400	168.385
39	46.800	57.203	60.245	63.488	66.949	70.642	78.792	88.090	110.842	179.728
40	48.000	58.981	62.206	65.651	69.332	73.268	81.978	91.952	116.501	191.750
41	49.200	60.778	64.192	67.845	71.757	75.946	85.244	95.930	122.387	204.494
42	50.400	62.592	66.202	70.072	74.224	78.678	88.591	100.027	128.509	218.003
43	51.600	64.424	68.238	72.333	76.734	81.464	92.022	104.248	134.875	232.322
44	52.800	66.275	70.299	74.628	79.289	84.307	95.539	108.595	141.496	247.500
45	54.000	68.144	72.386	76.957	81.888	87.206	99.144	113.072	148.382	263.589
46	55.200	70.032	74.499	79.321	84.532	90.163	102.839	117.684	155.543	280.644
47	56.400	71.939	76.638	81.721	87.223	93.179	106.626	122.434	162.991	298.721
48	57.600	73.865	78.804	84.156	89.960	96.256	110.508	127.326	170.737	317.884
49	58.800	75.810	80.998	86.629	92.746	99.394	114.487	132.365	178.792	338.196
50	60.000	77.775	83.218	89.138	95.581	102.595	118.565	137.556	187.170	359.726

Wie viel Kapital wird durch kontinuierliches, monatliches Sparen erreicht?

Beispiel: Monatssparrate 250 €, Dauer 20 Jahre, jährliche Verzinsung 3 %.

Berechnung: $\frac{\text{Tabellenwert x Sparrate}}{100} = \frac{32.768 \text{ x } 250}{100}$ = erreichtes Kapital **81.920 €** (davon Zinsanteil 21.920 €)

Vermögensbildung

Zeitrente

Zeitrente mit 3 % Dynamik p.a.

Höhe der sofort beginnenden jährlichen Kapitalentnahme mit 3 % Steigerung p.a. bei Kapitalverzehr; Anfangskapital 100.000 €, das verzinst wird mit jährlich .. %.

Entnahme in Jahren	1 %	1,25 %	1,5 %	1,75 %	2 %	2,5 %	3 %	4 %	5 %	6 %
2	49.510	49.572	49.633	49.695	49.756	49.878	50.000	50.242	50.481	50.718
3	32.682	32.764	32.846	32.927	33.009	33.171	33.333	33.656	33.976	34.295
4	24.270	24.361	24.453	24.544	24.635	24.818	25.000	25.363	25.726	26.087
5	19.223	19.320	19.418	19.515	19.612	19.806	20.000	20.388	20.777	21.165
6	15.860	15.961	16.061	16.162	16.263	16.465	16.667	17.072	17.478	17.885
7	13.459	13.562	13.665	13.768	13.871	14.078	14.286	14.703	15.123	15.545
8	11.659	11.763	11.868	11.972	12.077	12.288	12.500	12.927	13.357	13.791
9	10.260	10.365	10.470	10.576	10.682	10.896	11.111	11.545	11.985	12.429
10	9.141	9.247	9.353	9.460	9.567	9.782	10.000	10.440	10.887	11.341
11	8.226	8.332	8.439	8.546	8.654	8.871	9.091	9.536	9.990	10.451
12	7.464	7.571	7.678	7.785	7.893	8.112	8.333	8.783	9.243	9.711
13	6.820	6.926	7.034	7.141	7.250	7.470	7.692	8.146	8.611	9.086
14	6.268	6.375	6.482	6.590	6.699	6.919	7.143	7.600	8.070	8.551
15	5.791	5.897	6.004	6.112	6.221	6.442	6.667	7.127	7.601	8.088
16	5.373	5.479	5.586	5.694	5.803	6.024	6.250	6.713	7.191	7.684
17	5.005	5.111	5.217	5.325	5.434	5.656	5.882	6.348	6.830	7.328
18	4.678	4.784	4.890	4.998	5.107	5.329	5.556	6.024	6.510	7.013
19	4.386	4.491	4.597	4.705	4.814	5.036	5.263	5.733	6.223	6.731
20	4.124	4.228	4.334	4.441	4.550	4.772	5.000	5.472	5.966	6.479
21	3.887	3.990	4.096	4.203	4.312	4.534	4.762	5.236	5.733	6.251
22	3.671	3.775	3.880	3.987	4.095	4.317	4.545	5.021	5.521	6.044
23	3.475	3.578	3.682	3.789	3.897	4.119	4.348	4.825	5.329	5.856
24	3.295	3.397	3.502	3.608	3.716	3.938	4.167	4.646	5.152	5.684
25	3.130	3.232	3.336	3.441	3.549	3.771	4.000	4.481	4.990	5.526
26	2.978	3.079	3.182	3.288	3.395	3.617	3.846	4.329	4.841	5.381
27	2.837	2.938	3.041	3.146	3.253	3.474	3.704	4.188	4.703	5.247
28	2.707	2.807	2.909	3.014	3.121	3.342	3.571	4.057	4.575	5.123
29	2.586	2.685	2.787	2.891	2.998	3.219	3.448	3.935	4.456	5.008
30	2.473	2.572	2.673	2.777	2.883	3.103	3.333	3.821	4.345	4.902
31	2.367	2.466	2.566	2.670	2.776	2.996	3.226	3.715	4.241	4.802
32	2.269	2.366	2.467	2.570	2.676	2.895	3.125	3.615	4.145	4.709
33	2.176	2.273	2.373	2.476	2.581	2.800	3.030	3.522	4.054	4.622
34	2.089	2.186	2.285	2.387	2.492	2.711	2.941	3.434	3.969	4.541
35	2.008	2.103	2.202	2.304	2.409	2.627	2.857	3.351	3.888	4.465
36	1.931	2.026	2.124	2.225	2.330	2.548	2.778	3.273	3.813	4.393
37	1.858	1.953	2.050	2.151	2.255	2.473	2.703	3.199	3.741	4.325
38	1.789	1.883	1.980	2.081	2.184	2.402	2.632	3.129	3.674	4.262
39	1.724	1.818	1.914	2.014	2.117	2.334	2.564	3.063	3.610	4.201
40	1.663	1.755	1.851	1.951	2.054	2.270	2.500	3.000	3.549	4.145

Wie viel Kapital wird benötigt, um eine vorgegebene Rente mit einer jährlichen Steigerung von 3 % eine bestimmte Zeit lang zahlen zu können?

Anfangs-Jahresrente 12.000 € mit 3 % Dynamik p.a., Dauer 20 Jahre, Kapitalverzinsung 3 %.

Berechnung: $\frac{\text{Rente x 100.000}}{\text{Tabellenwert}} = \frac{\text{12.000 x 100.000}}{\text{5.000}} =$ **240.000** € beträgt der Kapitalbedarf.

Die Jahresrente beträgt im 1. Jahr 12.000 €
2. Jahr 12.360 €
10. Jahr 15.657 €
15. Jahr 18.151 € (S. 110 „Einmalanlage")

Geförderte Mitarbeiterkapitalbeteiligung

Seit 1. April 2009 ist das Gesetz zur steuerlichen Förderung der Mitarbeiterkapitalbeteiligung (Mitarbeiterkapitalbeteiligungsgesetz) in Kraft, mit dem der Gesetzgeber einerseits die Vermögensbildung der Arbeitnehmer verbessert, andererseits für die Beschaffung von Eigenkapital für Unternehmen sorgt.

Zuvor war die Mitarbeiterbeteiligung mit rund 2 Millionen an ihren Unternehmen Beschäftigten relativ gering verbreitet. In der Hauptsache bestand sie an der direkten Beteiligung an dem Unternehmen in der Ausgabe von Belegschaftsaktien und stillen Beteiligungen.

Um auch Beschäftigten kleinerer und mittlerer Unternehmen die Mitarbeiterbeteiligung zu ermöglichen, ist ein Fondskonzept in das Investmentgesetz eingeführt worden, wonach Mitarbeiter nicht unmittelbar an ihrem arbeitgebenden Unternehmen beteiligt sind, sondern an einer neuen Fondsvariante - einem Mitarbeiterbeteiligungs-Sondervermögen, das in die jeweiligen beteiligten Unternehmen investiert. Bei der indirekten Beteiligung über Fonds, fließen deren Kapitalbestände nach einer Anlaufzeit von drei Jahren zu wenigstens 60 Prozent in die Unternehmen zurück, die das Geld aufgebracht haben.

Steuerliche Förderung von Mitarbeiterkapitalbeteiligungen

Die steuerliche Förderung der Mitarbeiterbeteiligung ist in § 3 Nr. 39 EStG in Verbindung mit dem Fünften Vermögensbildungsgesetz (5. VermBG) geregelt.

Um die Beteiligung der Mitarbeiter am eigenen Unternehmen zu fördern, ist der Mitarbeiterkapitalbeteiligungsbetrag bis zu 360 Euro steuer- und sozialabgabenfrei. Eine Erhöhung auf 720 Euro ist nach dem Entwurf des Fondsstandortgesetzes zum 1. Juli 2021 vorgesehen. Voraussetzung für die steuerliche Förderung ist, dass die Mitarbeiterbeteiligung als freiwillige Leistung zusätzlich zum Arbeitslohn überlassen wird. Allen Mitarbeitern des Unternehmens steht die Kapitalbeteiligung offen, die ein Jahr oder länger ununterbrochen in einem gegenwärtigen Dienstverhältnis zum Unternehmen stehen. Dazu gehören auch Arbeitnehmer, deren Dienstverhältnis ruht, zum Beispiel während der Mutterschutzfristen oder der Elternzeit. Einzubeziehen sind auch geringfügig Beschäftigte, Teilzeitkräfte, Auszubildende und weiter beschäftigte Rentner.

Im Rahmen des 5. VermBG hat ein Arbeitnehmer nach § 13 einen Anspruch auf die staatliche Arbeitnehmer-Sparzulage für eine Mitarbeiterkapitalbeteiligung, sofern bestimmte Einkommensgrenzen nicht überschritten werden. Die Einkommensgrenze ist für Ledige auf 20.000 Euro, für Verheiratete auf 40.000 Euro festgesetzt. Der Fördersatz für in Mitarbeiterkapitalbeteiligungen angelegte vermögenswirksame Leistungen beträgt 20 Prozent bis zu einem Anlagebetrag von 400 Euro, sodass die Arbeitnehmersparzulage 80 Euro ausmacht. Die Ansparzeit für die Mitarbeiterbeteiligung beträgt nach dem 5. VermBG regelmäßig sechs Jahre. Ein Jahr später kann der Mitarbeiter über den Wert seines Beteiligungskapitals verfügen.

Förderung der Mitarbeiterkapitalbeteiligung

Arbeitnehmer	Alleinstehend	Verheiratet
Einkommensgrenzen	20.000 €	40.000 €
Fördersatz	20 %	
Förderhöchstgrenze	400,00 €	
Maximale Sparzulage pro Jahr	80,00 €	

Vermögensbildung

Aktiensparen für die Altersversorgung

In Deutschland sparen die Bundesbürger so viel wie nie zuvor. Nach Berechnungen der DZ Bank dürfte das Geldvermögen der privaten Haushalte im Jahr 2020 um rund 339 Milliarden Euro zugenommen und einen Wert von 7,1 Billionen Euro erreicht haben. Seit 2014 ist die Sparquote stetig gestiegen. Den Angaben des Statistischen Bundesamtes zufolge, lag die Sparquote der Deutschen im dritten Quartal 2020 bei 16 Prozent. Von 100 Euro verfügbarem Einkommen sind 16 Euro gespart worden. Trotz extrem niedriger Zinsen sind rund 2,0 Billionen auf dem Sparbuch oder als Tages- oder Festgeld angelegt.

Die Niedrigzinsphase dauert nun bereits mehr als ein Jahrzehnt an und ihr Ende ist noch längst nicht in Sicht. Es gibt genügend alternative Anlagen, mit denen man in den vergangenen Jahren nachweislich höhere Renditen erzielen konnte. Doch relativ wenige Bundesbürger investieren in Aktien und Fonds. Nur rund 10 Millionen Bürger besitzen Aktien bzw. Aktienfonds. Während die Aktionärsquote hierzulande nur rund 15 Prozent ausmacht, liegt sie in den USA bei über 50 Prozent.

Wertpapiere, Aktien- oder Mischfonds bieten auf lange Sicht attraktive Renditechancen. Das Image von Aktien und Fonds ist bei vielen Deutschen angeschlagen, weil sie unkalkulierbar erscheinen. Viele Anleger verlieren die Ruhe, wenn Kurseinbrüche an den Börsen Verluste signalisieren. Kurseinbrüche gehören dazu. Die Statistiken zeigen jedoch, dass nach einer Dauer von 25 oder 30 Jahren der Wertzuwachs der Fonds den Wertzuwachs von vielen anderen Anlagen übertrifft.

Bei einer Anlagedauer von 30 Jahren ab 1990 in den Dax-Index, in dem die 30 größten deutschen Aktiengesellschaften vertreten sind, lag die durchschnittliche Rendite bei 7,9 % pro Jahr. Kurz- und mittelfristige Kursschwankungen sind dabei kompensiert. Eine jährliche Rendite von sechs Prozent bedeutet eine Verdoppelung des eingesetzten Kapitals nach 12 Jahren. Wertpapiere sind trotz der Risiken für einen langfristigen Vermögensaufbau zur Altersvorsorge geeignet. Allerdings sollten Anleger einige Regeln bei ihrer Aktienanlage beachten: Das Aktienportfolie breit streuen in Aktien unterschiedlicher Branchen und die Anlage lange halten sowie regelmäßig wie mit einem Sparplan das Aktienvermögen aufbauen.

Entwicklung Dax seit 1990

Quelle: Deutsche Börse; Renditen aus den Jahresschlussständen der jeweiligen Jahre berechnet. Kosten sind nicht berücksichtigt.

Zusatzbeitragssätze 2021 in Prozent des versicherten Entgelts

Krankenkassen für alle Personen (regional begrenzte Krankenkassen *)

rot: Erhöhungssatz von 2020 auf 2021

BKK EUREGIO*		0,35
hkk Erste Gesundheit		0,39
BKK PFAFF*		0,4
BKK firmus		0,44
AOK Sachsen-Anhalt*	0,6	0,6
BKK Faber-Castell & Partner*		0,65
AOK Rheinl.-Pfalz/Saarland*		0,9
BKK Scheufelen*	0,3	0,9
BKK Textilgruppe Hof*		0,9
Debeka BKK	0,2	0,9
BKK Schwarzwald-Baar-Heuberg*	0,28	0,98
BKK exklusiv*		0,99
BKK 24		1,0
AOK Baden-Württemberg*	0,2	1,1
AOK Bayern*		1,1
AOK Rheinland / Hamburg*		1,1
Audi BKK	0,4	1,1
BKK Public*		1,1
BKK VerbundPlus	0,6	1,1
Heimat Krankenkasse		1,1
IKK gesund plus	0,5	1,1
SECURVITA BKK		1,1
AOK Plus Sachsen u. Thüringen*	0,6	1,2
BAHN-BKK		1,2
BKK Gildemeister Seidenst.		1,2
BKK Melitta Plus	0,3	1,2
BKK_DürkoppAdler*		1,2
Bosch BKK*	0,3	1,2
R+V Betriebskrankenkasse		1,2
Techniker Krankenkasse	0,5	1,2
Bertelsmann BKK		1,25
TUI BKK		1,25
mhplus BKK*	0,3	1,28
BKK Mobil Oil	0,19	1,29
AOK Bremen / Bremerhaven*	0,6	1,3
AOK Hessen*	0,4	1,3
AOK Niedersachsen*	0,5	1,3
AOK Nordwest*	0,4	1,3
BIG direkt gesund		1,3
BKK Akzo Nobel -Bayern*	0,8	1,3
BKK Freudenberg*	0,6	1,3
BKK Linde	0,2	1,3
BKK ProVita		1,3
BKK VBU		1,3
BKK VDN*		1,3
Hanseatische Krankenkasse	0,3	1,3
IKK classic	0,3	1,3
IKK Nord*		1,3
Siemens-BKK		1,3
vivida BKK		1,3
BKK HMR*		1,35
BKK Wirtschaft & Finanzen*		1,39
BKK Diakonie*	0,3	1,4
BKK Pfalz		1,4
Continentale BKK	0,1	1,4
DIE BERGISCHE KK*	0,12	1,4
SIEMAG BKK*		1,4
Salus BKK		1,45
energie-BKK		1,46
IKK Brandenburg und Berlin*		1,49
AOK Nordost*	0,6	1,5
BARMER	0,4	1,5
BKK Werra-Meissner*		1,5
DAK-Gesundheit		1,5
IKK Südwest*		1,5
KKH		1,5
pronova BKK		1,5
Novitas BKK		1,54
BKK Achenbach Buschhütten	0,2	1,6
Knappschaft	0,5	1,6
VIACTIV	0,4	1,6
WMF Betriebskrankenkasse	0,5	1,6
BKK Herkules*	-0,5	1,7
SKD BKK		1,7
BKK ZF & Partner*	0,3	1,8
BKK Technoform*	0,6	1,9

Zusatzbeitragssätze 2021 in Prozent des versicherten Entgelts

Betriebsbezogene Krankenkassen (nur für Mitarbeiter der Unternehmen)

rot: Erhöhungssatz von 2020 auf 2021

BKK Würth		0,2	Ernst & Young BKK	0,35	1,29
BKK Voralb HELLER*INDEX*LEUZE		0,5	Daimler Betriebskrankenkasse	0,5	1,3
BKK GRILLO-WERKE AG		0,7	BKK EVM	0,4	1,3
BKK Krones		0,7	BKK Rieker.Ricosta.Weisser	0,4	1,3
BMW BKK		0,8	BKK Miele	0,3	1,3
BKK EWE		0,9	BKK B. Braun Aesculap	0,2	1,3
BKK Groz-Beckert		0,9	BKK Deutsche Bank AG		1,3
BKK MAHLE	0,4	1,1	BKK RWE		1,4
BKK BPW Berg. Achsen KG		1,1	Merck BKK		1,4
Südzucker BKK		1,1	Koenig & Bauer BKK		1,44
Wieland BKK		1,1	BKK KARL MAYER	-0,4	1,5
BKK Salzgitter	0,3	1,2	BKK MTU		1,6
BKK PwC	0,28	1,26	BKK STADT AUGSBURG		2,7

Zusatzbeitragssätze Stand 15.01.2021

Die Zahl der gesetzlichen Krankenkassen hat sich um zwei Kassen auf 103 verringert. Am 1. Januar 2021 schlossen sich die „atlas BKK ahlmann“ und die „Schwenninger Krankenkasse“ unter dem Namen „vivida BKK“ zusammen. Außerdem fusionierte die „BIG direkt gesund“ mit der „actimonda Krankenkasse“ zur neuen „BIG direkt gesund“. Von den 76 gesetzlichen Krankenkassen (ohne betriebsbezogene) haben 34 ihren Zusatzbeitrag erhöht, 45 Prozent dieser Krankenkassen verlangen einen Zusatzbeitrag unterhalb des durchschnittlichen Zusatzbeitrags von 1,3 Prozent, 21 Prozent den gleichen und 34 Prozent einen höheren.

Wechsel der Krankenkasse

Für einen Wechsel der Krankenkasse wurde die bisherige Mindestbindungsfrist zur Krankenkasse von 18 auf 12 Monate verkürzt. Mitglieder, die bereits 12 Monate versichert waren oder aufgrund der Erhöhung des Zusatzbeitrags ein Sonderkündigungsrecht haben, auf das die Krankenkasse hinzuweisen verpflichtet ist, brauchen ihrer Krankenkasse die Kündigung nicht mitzuteilen, sondern stellen einen Aufnahmeantrag bei der neu gewählten Krankenkasse. Die Aufnahme wird zum Ablauf des übernächsten Kalendermonats wirksam, gerechnet von dem Monat, in dem das Mitglied die Aufnahme erklärt.

Krankenversicherungspflicht für Studierende

Zu Beginn des Studiums können sich Studierende von der Versicherungspflicht in der gesetzlichen Kranken- und Pflegeversicherung durch den Nachweis einer privaten Absicherung befreien. Ein Wechsel in die gesetzliche Krankenkasse ist möglich bei Aufnahme einer versicherungspflichtigen Beschäftigung oder Aufnahme eines weiteren Studiums. Studierende, die noch nicht 25 Jahre alt sind, können in der Regel über ihre Eltern in der gesetzlichen Krankenversicherung familienversichert sein. Studierende ab Alter 25 müssen sich selbst versichern und können in die studentische Krankenkasse eintreten, die ihnen bis zum Ende des 30. Lebensjahres offensteht.

Abkürzungsverzeichnis

ABG	Allgemeine Bemessungsgrundlage
Abs.	Absatz
ALG	Arbeitslosengeld
Alleinst.	Alleinstehender
Allg.	Allgemein
AltGG	Altersgeldgesetz
AltVerbG	Altersvorsorge-Verbesserungsgesetz
AV	Arbeitslosenversicherung
BAföG	Bundesausbildungsförderungsgesetz
BBG	Beitragsbemessungsgrenze
Bes.-Gr.	Besoldungsgruppe
BetrAVG	Betriebsrentengesetz
BGBL	Bundesgesetzblatt
BL	Bundesland
BMAS	Bundesministerium für Arbeit und Soziales
BW	Baden-Württemberg
DAK	DAK Gesundheit (Krankenkasse)
EKSt	Einkommensteuer
EP	Entgeltpunkte
ErbStG	Erbschaftsteuer- und Schenkungsteuergesetz
EStDV	Einkommensteuer-Durchführungsverordnung
EStG	Einkommensteuergesetz
geb.	geboren
Gewerbl.	gewerblich
GRV	Gesetzliche Rentenversicherung
IHK	Industrie- und Handelskammer
JStG	Jahressteuergesetz
KiSt	Kirchensteuer
KK	Krankenkassen
Kug	Kurzarbeitergeld
KV	Krankenversicherung
LAK	Landwirtschaftliche Alterskasse
LSt.	Lohnsteuer
mtl.	monatlich
ÖD	öffentlicher Dienst
pflichtvers.	pflichtversichert
PSG	Pflegestärkungsgesetz
PG	Pflegegrad
PIB	Produktinformationsblatt
PSVaG	Pensions-Sicherungs-Verein
PV	Pflegeversicherung
RV	Rentenversicherung
SGB	Sozialgesetzbuch
SolZ	Solidaritätszuschlag
StKl	Steuerklasse
VBL	Versorgungsanstalt des Bundes und der Länder
Verd.	Verdiener
verh.	verheiratet
VermBG	Vermögensbildungsgesetz
verst.	versteuernde
Witw.-rente	Witwen-/ Witwerrente
zvE	zu versteuerndes Einkommen